遇见青春

青少年健康

100 问

主审 华嘉增

主编 朱丽萍 李 力 毛红芳

中国科学技术出版社

·北 京·

编著者名单

主　审　华嘉增

主　编　朱丽萍　李　力　毛红芳

副主编　何燕玲　沈恋迪　韩　健

编　者　（以姓氏笔画为序）

马腹婵　上海市妇幼保健中心

王　红　广东省深圳市妇幼保健院

王海琪　上海市嘉定区妇幼保健院

毛红芳　上海市嘉定区妇幼保健院

甘晓卫　上海市嘉定区妇幼保健院

毕　罡　陆军军医大学大坪医院

朱丽萍　上海市妇幼保健中心

刘　强　陆军军医大学大坪医院

许厚琴　上海市妇幼保健中心

杜　莉　上海市妇幼保健中心

李　力　陆军军医大学大坪医院

李晓莉　陆军军医大学大坪医院

杨　柳　辽宁省沈阳市妇幼保健院

杨旭涵　上海市妇幼保健中心

吴咏梅　上海市嘉定区妇幼保健院

何燕玲　上海市精神卫生中心

余欣梅　陆军军医大学大坪医院

沈恋迪　上海市嘉定区妇幼保健院

张　蕾　上海市妇幼保健中心

张丽峰　上海市嘉定区妇幼保健院

陈跃宇　上海市嘉定区中心医院

范生荣　上海市嘉定区妇幼保健院

范崇纯　上海市妇幼保健中心

金菊香　上海市宝山区妇幼保健所

郭肖艳　上海市宝山区妇幼保健所

姬璐璐　陆军军医大学大坪医院

葛啸天　上海市妇幼保健中心

韩　健　陆军军医大学大坪医院

程苾恒　上海市妇幼保健中心

内容提要

　　青春期是由儿童发育到成人的过渡时期，是青少年成长发育的重要阶段。此时，青少年第二性征出现，身体发育迅速，但心理发育相对滞后。根据青春期的生理、心理、成长和社会发展变化特点，家庭、学校、妇幼机构和社会共同参与青少年的生理和心理健康教育，引导其养成健康的生活行为方式，对青少年身心健康成长非常重要。本书分五篇，内容覆盖了青少年生长发育、心理健康、营养运动、性教育和友好服务，以及特殊情况下如何自我防护和亲子关系处理等问题，从专业和科普的角度解答了青少年成长中最关心、最迫切需要解决的问题。本书简明易懂、阐述生动有趣，可作为关心青少年健康的保健工作者、学校老师、家长和青少年教育志愿者的实用工具书，也可供青少年在自我保健时借鉴参考。

主审简介

华嘉增

　　资深妇女保健专家，妇女保健学科奠基者之一。历任上海市第一妇婴保健院副院长、上海市卫生局妇儿卫生处处长等职。曾受聘为全国妇幼卫生专家咨询委员会委员、世界卫生组织妇幼卫生专家组成员。曾任国家卫生部生殖健康专家组成员、中国疾病预防控制中心妇幼保健中心专家组成员、中华预防医学会妇女保健学会主任、上海市母婴安全专家委员会顾问等。屡获上海市先进工作者、全国妇幼卫生先进工作者、杨崇瑞妇幼卫生奖等荣誉称号。主编《妇女保健学》《妇女保健大全》等多部专著和科普图书。

主编简介

朱丽萍　教授，博士研究生导师，主任医师（二级）。现任上海市妇幼保健中心主任，曾任上海市第一妇婴保健院副院长／上海市妇女保健所常务副所长、世界卫生组织围产保健合作中心主任及世界卫生组织总部妇幼青少年健康P4官员等，兼任中国妇幼保健协会全生命周期健康管理专委会主委、中华预防医学会妇女保健分会青春期学组组长等。从事妇幼保健30余年，先后入选上海市卫生系统"百人计划"、公共卫生优秀学科带头人、海外高端人才培养计划及医学领军人才等，致力于全生命周期健康管理模式探索，牵头第二至五轮上海市公共卫生体系建设三年行动计划妇幼保健项目及国家卫健委制定全国母婴安全相关技术规范课题，牵头负责的外来孕产妇保健管理及妊娠风险筛查与分类管理项目先后获上海市医学科技二等奖和上海市科技进步三等奖，牵头负责的围绝经期妇女健康管理模式和青少年身心健康综合干预模式先后获全国妇幼健康科学技术三等奖。曾获上海市母婴安全特殊贡献奖、全国"三八"红旗手等殊荣。主编出版多部论著及系列科普书，获上海科普教育创新奖科普贡献二等奖。发表论文120余篇。

李力 医学博士，博士研究生导师，教授，主任医师。陆军军医大学陆军特色医学中心/全军计划生育优生优育技术中心主任，上海市遗传咨询专家委员会委员、重庆市高危妊娠监控组专家。享受军队特殊津贴，获全国第二届杨崇瑞妇幼卫生先进个人、妇产科好医生–林巧稚杯先进个人、全国巾帼建功先进个人、全国"三八"红旗手、全国军民共建计划生育先进个人等荣誉。国家毕业后指导委员会委员，评估专家组成员，国家教育部学位评审专家，国家自然科学基金二审评委，国家遗传咨询能力建设专家委员会委员，国家继续教育委员会统筹专业委员会委员，多省市科研课题评审专家，中华医学会妇产科分会第九、第十届常委、第十一届委员，中国医师协会第三届妇产科分会委员，全军妇产科专委会常委，中国优生科学协会副会长，科普专业委员会主委等。

主编专著《实用生殖医学》《简明妇产科学》《妇产科学实验室诊断》《家庭孕育计划和产后避孕》等。《中华围产医学杂志》编委、《中国计划生育和妇产科》《实用妇产科杂志》副主任编委等。

主持国家自然科学基金 12 项，国家 973 子课题 1 项，重庆市自然科学基金 1 项，发表论文 300 余篇，SCI 收载论文 22 篇，获重庆市科技进步一等奖 1 项、二等奖 3 项，重庆市教学成果一等奖 1 项，军队医疗成果二等奖 1 项。

毛红芳 上海市嘉定区妇幼保健院妇产科妇女保健主任医师，国家二级心理咨询师。兼任中华预防医学会妇女保健分会妇女营养健康学组专业委员、中国妇幼保健协会全生命周期健康管理专委会常务委员及妇女保健分会心理学组委员、上海市预防医学会妇女保健专业委员会成员、上海市性教育协会委员等。从事妇女保健工作30多年，在青少年生殖健康等方面有一定研究，主持并承担20余项课题研究，参与的项目中有多项获科技进步奖。曾获上海市家庭教育先进个人、上海市母婴安全先进工作者等荣誉。主编、参编著作多部，在核心期刊发表论文20余篇。

序

    青少年是最具发展潜能的个体，是人类发展的未来、民族振兴的希望。青少年是实现可持续发展目标的核心，世界卫生组织（World Health Organization，WHO）和我国政府均对青少年健康成长给予了充分关注，并提出了具体的目标和任务。青少年的健康与发展可为成年后乃至其下一代的健康打下基础。

    上海市妇幼保健中心始终致力于妇幼全生命周期的健康管理，基于WHO青少年健康与发展理念及《"健康中国2030"规划纲要》要求，以促进青少年身心健康与生殖健康为目标，探索建立多机构多部门参与、卫生健康专业引导，学校、家庭、青少年共同参与协同联动的综合干预模式，开设"青少年健康科普体验馆"，开展医教科普结合系列活动，培育青少年同伴教育志愿者队伍和青少年健康科普专业队伍，并发挥重要作用。

    为满足家长、基层保健人员、青少年工作者和学校老师希望通过全面了解青春期健康知识，为青少年健康成长保驾护航的需求，上海市妇幼保健中心组织专家团队编写了《遇见青春：青少年健康 100 问》。该书分生理健康篇、心理健康篇、营养运动篇、性健康教育篇和友好服务篇，内容覆盖了青少年生长发育、心理健康、营养运动、性教育和友好服务，以及特殊情况下如何自我防护和亲子关系处理等问题。编写团队结合前沿学术研究成果，从专业和科普的角度详细解答了青少年成长中大家最缺乏、最困惑，也是最需要、最关心的常见问题。该书内容简明易懂、阐述生动有趣，可供关心青少年健康的保健工作者、学校老师、家长和青少年同伴教育志愿者作为案头实用工具书阅读参考。

前　言

WHO 将青少年定义为 10—19 岁，2002 年全球约有 17 亿青少年，其中处于青春期的约为 12 亿。青春期是个体从儿童到成年发育过程中独特的发展阶段和健康奠基的重要时期。在此过程中，青少年经历了快速的生理、认知和心理发展，其感知、思考、决策及与其周围世界的互动都出现了显著改变。尽管该时期常被认为是人生重要的奠基阶段，但青少年的脆弱性和需求往往得不到重视和满足，由此产生的一些危险行为往往会对其成年后的健康产生重要影响。该时期较高的死亡、疾病和受伤害风险，大多数是可预防、可控制或可治疗的。

随着国际社会寻求实现各项可持续发展目标，尤其是可持续发展目标三（即确保健康的生活方式，促进各年龄段人群的福祉）和可持续发展目标十（即减少国家内部和国家之间的不平等），关注青少年身心健康的必要性日益得到认可。青少年是实现全球可持续发展目标的核心人群。为了实现可持续发展目标，解决青少年面临的主要健康威胁至关重要。

投资青少年健康的理由有三：一是青少年拥有基本的健康权；二是可带来 3 倍健康效益（现在的青少年、未来的成年人及其下一代）；三是可减少现在和未来介入健康的成本并增加社会资源。

青少年是世界和祖国的未来，国际组织和我国政府都高度重视青少年健康与发展。为了促进青少年健康，从青少年关注的健康问题出发，上海市妇幼保健中心组织多学科专业团队编写了《遇见青春：青少年健康 100 问》。

谨向在本书编写过程中给予我们热情帮助的专家和同行表示衷心的感谢，也向那些为我们提出宝贵建议的老师、家长、青少年致以深深的谢意！

目　录

心理健康篇

性健康教育篇

友好服务篇

生理健康篇

1. 什么叫青春期?

青春期是由儿童发育到成人的一段过渡时期,是继婴儿期后个体生长发育的第二个高峰,也是人生的第二个 10 年,以及第二次机体迅速生长发育的关键时期。在此期间,人的第二性征发育、生理和心理逐渐成熟,因此青春期也是性意识形成和性伦理道德培养的关键时期,这一时期的身心健康是决定一生中健康的关键。

青春期发育是一个连续的过程,其起点和期限受遗传和环境(包括气候、生活条件、社会经济)等因素的影响，存在个体差异，分期也是相对的，并无绝对的界限。女孩的青春期一般在 10—11 岁开始，比男孩早 1～2 年。青春期发育约 10 年，一般根据不同阶段的主要发育变化，可将青春期分为早、中、晚三期，每期可持续 2～4 年。①青春早期：主要表现为身高生长迅速加快，出现突增高峰，性器官和第二性征开始发育；②青春中期：以性器官和第二性征发育为主要特征，多数女孩出现月经初潮，男孩出现遗精，身高的增长速度逐渐下降；③青春晚期：体格生长缓慢，但仍可增长直至骨骺完全融合，性腺、性器官和第二性征继续发育，直至接近或达到成熟水平，具有生殖能力，但整个生殖系统的功能尚未完善。

WHO 将青春期的年龄范围界定在 10—19 岁，而在一些国家，相关法律政策还涵盖了青年时期（如到 24 岁）。作为继儿童期后的第二个敏感发展期，青春期代表有效预防和健康促进的窗口期。为了确保青少年健康与发展，他们需要相关的资讯（包括年龄相适应的全面性教育，发展生活技能的机会，可接受的、适宜的、安全有效的、平等的保健服务和支持性环境），也需要有机会参与改善其健康干预措施的设计和实施，因此扩展这些机会对回应青少年特殊需求和保护其权利极为关键。

2. 进入青春期有哪些变化？

进入青春期的男生、女生，其生理、心理和对外界事物的认识均有渐进成熟的过程，青春期会发生以下变化。

(1) 生理过渡期（10—14 岁）：由儿童期进入青少年期，经历明显的生理过渡期，第二性征发育成熟，逐步具有可能怀孕的能力，慢慢呈现成人的外貌和向成人的体能水平发展。此时"冒险行为"开始逐渐增多，产生更多的好奇心理，睡眠模式也会有所改变，如可以不午睡，晚上希望晚睡，早上不爱起床。

(2) 身心变化期（15—17 岁）：随着身体及性的发育，逐步向成年期过渡，此阶段青少年开始向提升理性解决问题的能力转变，逐步具有抽象思维，有观察周围事物、察言观色的能力；有未来时间概念，逐步具备规划未来的个人潜能，其决策能力达到成人水平。身心的巨大变化使青少年成为社会学上的"边缘人"，如想独立及想摆脱对生活的物质依赖等；情绪管理能力有逐步形成的过程，但自制力还需培养形成。因此，青春期也被称之为"消极反抗期"，随之引发一系列社会适应的心理卫生问题。

(3) 逐渐成熟期（18—19 岁）：随着年龄增长、身体发育完善、知识积累、环境影响、承担任务加重和社会承受力增强，青少年个体不断趋于成熟，逐步具备解决社交问题的能力，对来自各方压力特别敏感，对同伴压力的抵抗能力逐步向成人靠近，对冲动的控制也在逐步增强，从以自我为中心向树立团队意识转变。

生命早期发生的事情影响青少年时期的健康和发展，青少年时期的健康和发展也影响成年时期，并最终影响下一代的健康和发展。青少年时期的有效干预措施将使儿童生存和早期发展方面取得的成效得以持续。同时，青少年时期还提供了宝贵的机会，来修正生命第一个 10 年中产生的问题。

3. 青春期女生生理变化特点有哪些？

青春期女生生理发育变化按照年龄区分，大致有三个重要阶段。① 10—14 岁阶段：特征是冒险行为增多和睡眠模式的改变（睡得更晚、醒得更晚）；② 15—17 岁阶段：特征是青春期逐渐走向成熟，察言观色的技能提升，情绪管理能力提升，决策能力达到成人水平；③ 18—19 岁阶段：特征是对压力更敏感，对同伴压力的抵抗达到成人水平，对冲动的控制能力增强。

如果说出生后 1 年内是人生的第一个生长高峰，那么青春期便是人生中第二个生长高峰。除了性征发育成熟，体格变化也很明显。一般来说，女生到了青春期主要生理变化特点为第二性征发育。青春期女生会经历乳房萌发、肾上腺功能初现、生长突增及月经初潮四个阶段，各阶段会有重叠，共需 4～5 年时间，主要的生理变化有以下几方面。

(1) 身高和体重显著增长，出现突增高峰。女生生长突增起始年龄约比男孩早 2 年，从 10—12 岁开始，故女生在 10 岁以后身高往往比同龄男孩略高，到了 12—13 岁时往往就能达到突增高峰，而 13—14 岁的女生，随着月经初潮来临，生长进入相对缓慢阶段，到了 15—16 岁生长很慢或停止生长。青春期女生每年身高可增长 5～7cm，最多为 9～10cm，整个青春期平均增长约 25cm。另外，青春期女生体重也会明显增长，但其增长比身高持续时间长，幅度也较大，且在成年后仍可继续增长。体重的增长主要是骨骼、肌肉、脂肪组织和内脏器官质量的变化。女生的脂肪量明显多于男生，多贮聚在臀、髋、胸、肩和大腿处，而肌肉少于男生，女生逐步形成相对矮小、体态丰满、下体宽的特有体型。

(2) 身体各器官发育，功能逐渐完善。随着青春期的进展，女生体内各系统的脏器体积增大，其生理功能也在逐渐增强。青春期女生的心率和呼吸频率均随着年龄的增长而下降，血压、心搏出量和肺活量逐渐升高或增加。在青春期结束时，其心肺功能接近成人标准。此外，青春期骨髓造血功能旺盛，而女生会因月经来潮使得红细胞和血红蛋白的上升常不明显，同时机体建立起以中性粒细胞为主的防御机制。青春期女生的运动功能（包括握力、拉力、肌耐力等）开始增加，但运动功能突增，一般比身高生长突增晚 1 年左右，增长幅度也明显低于男生；最大耗氧量一般也只有男生的 65%～70%。

(3) 内分泌系统活跃，发挥总枢纽作用。人体的内分泌系统主要由下丘脑、垂体、甲状腺、肾上腺、松果体、胰岛和性腺等组成，它们影响着青春期形态、功能和性发育成熟。内分泌是青春期变化的总枢纽，同时受中枢神经系统的调节。促进青春期生长发育和生理功能进一步成熟完善的激素主要有生长激素、甲状腺素、雄激素和雌激素四种。神经内分泌系统对女生的生长发育起着十分重要的作用，下丘脑－垂体－卵巢轴的迅速发育及其功能的充分发挥是促进女生性发育逐渐成熟的基础。

(4) 生殖系统迅速发育，功能逐渐成熟。进入青春期后，在雌激素的作用下，内外生殖器官都开始发育，并逐渐趋于成熟。外生殖器由幼稚型向成人型发育，阴阜隆起，阴毛出现，大阴唇逐渐丰满，小阴唇增大、延长并盖住阴道口，外阴色素沉着。阴道的长度和宽度增加，阴道黏膜增厚出现皱襞，黏液腺发育并有分泌物排出，产生的分泌物在阴道杆菌的作用下呈酸性，使细菌不易生长，有利于抵抗病菌的侵袭。子宫的重量和长度明显增加，尤其是子宫体明显增大，子宫颈占子宫全长的1/3。随着卵巢功能的日臻完善，卵巢开始周期性排卵和分泌性激素，受雌激素、孕激素的共同影响，子宫内膜发生周期性变化，既而月经来潮。女生出现第一次生理性子宫出血，称为月经初潮，它是女生青春期来临和性成熟过程中的一项重要标志，也是女生性发育的一个重要里程碑。到了青春晚期，因排卵具有周期性，月经周期变得规则，女生已具有生殖功能。

(5) 出现第二性征，形成女性特有体态。第二性征是指除内外生殖器外的女性所特有的外部特征，又称副性征，主要表现在乳房、毛发、体型、嗓音、举止等方面。进入青春期后，由于第二性征的出现，女性在外形上出现了明显的差异。乳房发育是最早出现的第二性征，一般接近 10 岁时乳房开始发育，通常早于月经初潮和阴毛发育。乳房发育的早晚及大小存在个体差异，约 3/4 的女孩直到 16—18 岁才发育至与成人相似。阴毛多在乳房开始发育后半年至 1 年出现，平均为 11—12 岁，在耻骨联合上呈倒三角分布。而腋毛常在阴毛开始出现后半年至 1 年才出现，由稀到密，色素加深，至 15—17 岁时与成人相仿。女生还表现出皮肤细腻；声音尖锐、音调较高；胸部丰满，臀部变圆，腰部则相对较细；肢体柔软丰满，呈现出女性特有的体态曲线。短短几年时间，从一个童稚的小女孩变成体态婀娜的大姑娘。

4. 青春期女生身高何时发育最快？

青春期是骨骺闭合之前的快长期，主要是生长激素分泌的脉冲频率和每次分泌的量呈整体增加。9—14 岁青少年的生长突增最为明显，女生的生长突增从青春期开始（统计数据显示在 9 岁左右），增长高峰在 10—11 岁。如果女生在 8 周岁之前出现乳房发育，或 10 周岁前有月经来潮，这些现象均属于早熟的表现，需要及时就医。有这些表现的青少年比同龄孩子发育早，身高更高，长得也更快，但骨骺闭合也要早于同龄人；也就是说，比同龄的青少年更早停止生长。在生长突增期女生需要做到以下几点才能科学长高。

(1) 饮食规律、营养均衡：青春期启动时想要有一个较高的身高，必须保证身体内有足够的营养摄入，饮食中的七大营养素（碳水化合物、蛋白质、脂类、维生素、矿物质、水和膳食纤维）需要合理搭配、营养均衡，摄入食物的品种每天在 12 种以上，每周达 25 种以上。在身高的黄金生长期一定要多吃富含蛋白质、不饱和脂肪酸及微量元素的食物，注意钙的补充。

(2) 作息规律、睡眠充足：影响青少年身高的另一个因素就是身体生长激素的水平。生长期身体的生长激素分泌高峰在每天晚上 11 时左右，保证青少年有充足的睡眠、不熬夜，有利于其生长激素大量分泌，自然也促进长高。

(3) 适当运动、有助身高：运动对青春期女生身高的快速生长是非常重要的。从医学的角度看，运动对骨骺有良好的刺激，能促进钙的吸收和生长激素的分泌，进而加强骨骼的发育，帮助长高。相关研究表明，与不爱运动的孩子相比，每天运动时间超过 30 分钟的孩子的身高要高出 2～3cm。

青少年骨骺闭合前的每一年都是其身高发育的关键时期，只是不同年龄段生长的速率不同而已。进入青春期后会再次出现身高增长的高峰期，如果青春期骨骺闭合前每年增高小于 6cm，就需注意寻找原因，必要时门诊咨询医生及进一步检查。

5. 青春期女生生殖器官发育特点有哪些？

女性生殖器官包括内、外生殖器。外生殖器也称外阴，包括阴阜、大阴唇、小阴唇、阴蒂和阴道前庭。内生殖器包括阴道、子宫、输卵管和卵巢，妇产科医生借助窥阴器或在超声下才可以看到。

一般，女童在 8 岁之前生殖器官还是幼稚型。进入青春期，在性激素的作用下开始发育，逐渐由幼稚型变为成人型。

阴阜开始长阴毛，发育成熟时阴阜上面阴毛呈倒置三角形，阴毛有疏有密，存在个体差异。大阴唇上也开始长阴毛并有色素沉着。

阴道长度及宽度增加，发育成熟后前壁长 7～9cm，后壁长 10～12cm，形成一个肌性管道，有较大伸展性，这也是月经血排出、胎儿娩出的通道和性交的器官。阴道黏膜增厚并出现皱襞，开始排出分泌物。这些分泌物由阴道黏膜渗出液、宫颈腺体及部分来自子宫内膜的分泌物混合而成，俗称"白带"。

子宫发育增大，尤其是宫体明显增大，发育成熟的子宫呈倒置的梨形，长 7～8cm，宽 4～5cm，厚 2～3cm，重 50～70g。子宫是孕育胚胎、胎儿生长和产生月经的器官。

卵巢发育长大，呈扁杏仁状，位于盆腔，左右各一。发育成熟的卵巢大小约 4cm×3cm×1cm，重 5～6g，是产生卵子和分泌性激素的重要器官。

输卵管发育成熟后长 8～14cm，是将卵子从卵巢传递到子宫的管道，也是卵子与精子结合的地方，位于盆腔内，左右各一。

少部分青春期女生的生殖器官发育异常。常见的发育异常包括处女膜闭锁、阴道闭锁、阴道横隔、阴道纵隔、阴道斜隔、先天性无子宫、双子宫、纵隔子宫、单角子宫等，其主要原因有染色体、性腺或生殖器官发育过程异常，如青春期女生无阴毛生长，无月经来潮、腹痛等情况，应及时去医院检查，做到早发现、早诊断、早治疗。

6. 青春期女生乳房正常发育的现象有哪些?

青春期女生乳房约在 10 岁开始发育。此时的乳房发育主要受卵巢及垂体前叶激素的影响，其中以卵巢分泌的雌激素为主。通常情况下，青春期女生的性发育从乳房的发育开始，一般 3～5 年后，月经初潮来临。月经初潮后，大多数女孩的乳房仍会继续发育，直到发育为成年人的成熟乳房形态为止，这一阶段要持续 4～6 年。乳房发育过程中，女孩开始担忧自己乳房发育是否正常，有的因生长发育太早而苦恼，有的因生长发育太迟而焦虑。究竟正常乳房发育是怎样的呢？目前应用最多的是 Tanner 所制订的乳房发育分期表，人为将乳房发育过程分成五个阶段，可以作为对照（图 1）。

(1) 第一阶段：发育前的萌芽期。这个阶段为 1—9 岁，是女孩乳房未发育时的阶段，此时的胸部只能看到一对小

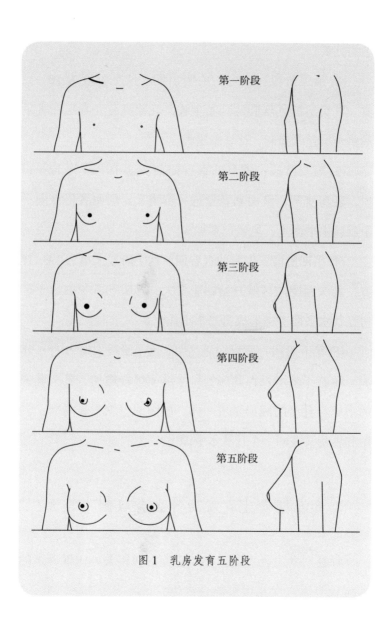

第一阶段

第二阶段

第三阶段

第四阶段

第五阶段

图 1　乳房发育五阶段

小的乳头。

(2) 第二阶段：发育初的萌出期。这个阶段为 10—11 岁，乳头下的乳房胚芽开始生长，乳腺隆起、乳房和乳晕呈单个小丘状隆起，伴乳晕增大。

(3) 第三阶段：发育的青春前期。这个阶段为 12—13 岁，乳房变圆，乳房和乳晕进一步增大，但两者仍在同一个丘状水平面上，乳晕色素加深。

(4) 第四阶段：发育的青春期。这个阶段大概为 14—15 岁，乳头周围的区域开始膨胀变大，乳头和乳晕突出于乳房丘状水平面上，形成第二个小丘。

(5) 第五阶段：发育的成熟期。这个阶段大概为 16—18 岁，随着年龄增长，乳房的尺寸继续缓慢增加，乳头乳晕的小球与乳房的圆形融成一体，周围的组织明显隆起，乳房和乳晕又在同一个丘状水平面上。

7. 青春期女生乳房为什么会双侧不等大？

青春期女生乳房的大小与遗传密切相关。如果母亲的乳房较丰满，女儿很可能会遗传，其乳房也丰满。此外，乳房的发育受全身的发育、神经和内分泌的变化、营养、疾病等多方面因素的控制与调节，其中内分泌因素对乳房发育的影响比较大。在青春期乳房发育过程中，两侧乳房会出现大小不一致的情况，导致有的女孩会很焦虑。事实上这主要是因为发育期间身体组织对激素的反应不同，而且这种发育中的不对称大多是暂时的、健康的，所以不必过度担心，伴随着年龄增长，双侧乳房会慢慢缩小差距至一样大小。如果两侧差别非常明显，或者一侧有疼痛、乳头溢液等异常情况，建议到正规医院找专科医生进行检查。

8. 青春期乳房延迟发育怎么办？

乳房延迟发育通常是一种先天性疾病，主要表现为腺体组织缺少，皮肤仍完整而有弹性。发生在单侧者常伴胸大肌发育不良或缺如，双侧者可能是发育成熟期乳腺组织对性激素不敏感所致。乳头发育可正常。由于缺乏雌激素，乳腺组织得不到足够的激素刺激而直接影响乳腺管的生长发育及乳腺末端的分支，导致小乳腺叶和腺泡发育不良，从而使乳房发育受到影响。内分泌紊乱引起各类激素不能比例合适地产出，容易使女性的乳房发育出现问题，通常还伴有月经过少或闭经等症状。有的女孩由于心理障碍而把胸部束起来或穿戴过紧的乳罩，同样也会限制乳房的发育。此外，乳房发育还受到种族、遗传和营养状况等因素影响。

在10—14岁前后发育都属于正常水平，如过早或过晚，建议到正规医院寻求专科医生的检查和帮助，让医生指导正确的纠正治疗方法，不建议自己乱用药物及按摩治疗。对于乳房延迟发育的青春期女生有2点建议：①加强营养。适当改变膳食结构，多吃蛋白质含量丰富的鱼肉、鸡蛋、牛奶，以及富含蛋白酶的木瓜；②加强胸肌锻炼。胸部肌肉是保证胸部发育的基础，建议日常中多进行丰胸瑜伽和扩胸健美操等运动。

隆乳术（或丰胸手术）是一种整形手术，使用乳房植入物（主要使用盐溶液或硅胶）或脂肪移植增大乳房，改变乳房的形状。然而，隆乳术对胸部的扩大有限，会受到人体生理代谢的限制。乳房发育欠佳的女性虽然乳房过小或扁平，但因乳房组织结构完整，皮肤完好并有弹性，可以扩展，行隆乳术易于取得良好的效果。然而，隆乳术作为手术的一种是有风险的，如在手术过程中的出血，神经、血管及周围组织损伤等，甚至是可以致死的麻醉意外。术后有可能出现感染、假体形状大小选择不正确、包膜挛缩、血肿、假体破裂、胸廓不对称，以及乳腺组织不对称等，均会削弱隆胸的效果。青春期女生由于乳房尚未完全发育，不建议行隆乳术。

9. 青春期月经不正常的影响因素有哪些？

月经是指随着卵巢周期性变化而出现的子宫内膜从增殖、分泌、退化脱落的一种周期性出血，它是性功能成熟的一项重要标志，是育龄女性特有的生理现象。

正常的月经具有周期性及规律性，一般 21～35 天行经一次，平均为 28 天；每次行经持续 2～8 天，平均为 4～6 天；一次总出血量在 20～60ml。正常月经的建立及维持依赖于神经内分泌调节（下丘脑 - 垂体 - 卵巢轴）、靶器官子宫内膜对性激素的周期性反应、下生殖道的通畅，任一环节出现问题均会导致月经不正常。

月经不正常有以下几种表现：①不到 21 天就来月经为月经频发；②超过 35 天来一次月经为月经稀发；③提前或推后 7 天及以上为不规律月经；④持续 7 天不干净为经期延长；⑤小于 3 天就干净为经期过短；⑥月经量＞80ml 为

月经过多；⑦月经量＜5ml 为月经过少。但是，青春期女生在月经初潮后 5 年内由于生殖内分泌系统还没有发育完善，月经可以不规律，如 3 个月或半年来一次月经也是正常的。

以下情况建议去看医生：①年龄超过 16 岁，第二性征已发育，月经仍未来潮者；②已建立规律月经，但此后月经停止 6 个月，或者按自身月经周期计算停止 3 个周期以上；③月经量过多伴有血块或伴有头晕、乏力等，影响学习生活；④月经持续时间超过 7～10 天；⑤有异性性器官接触史且未采取避孕措施，停经 1 个月仍无月经来潮。导致青春期月经不正常的因素有以下四个方面。

(1) 遗传因素。有研究表明，青春期月经与其母亲的遗传基因有关。

(2) 与下丘脑－垂体－性腺轴发育不成熟有关，如卵巢不能规律排卵，孕激素缺乏或雌激素、孕激素都分泌不足，或者雄激素过高等。

(3) 生活环境发生改变，如不合理饮食。青春期女生过分追求形体美而刻意减肥节食导致体重大幅度下降，或者过度进食高糖、高脂饮食导致营养过剩性肥胖。此外，青春期女生处于高度紧张的学习阶段，精神和心理压力巨大，影响下丘脑－垂体－肾上腺和下丘脑－垂体－卵巢轴的内分泌调节，加之睡眠不足导致生长激素、褪黑素等激素分泌紊乱，都会引起月经紊乱。

(4) 器质性疾病，如引起凝血功能异常的疾病、生殖道肿瘤等。

10. 青春期女生月经期要注意哪些？

月经期大多数无明显不适感，但有部分人在经期可能出现轻微腰酸、小腹坠胀、乳房胀痛或情绪变化等症状，待月经干净后症状自行消失，这些现象不属于病理反应。

女性一生中约 2000 天有月经的伴随，所以要愉快、健康地度过经期，月经期要特别注意以下问题。

(1) 经期用品卫生：注意卫生巾的保质期，应购买国家卫生部门批准出售的卫生巾（尽量在大超市购买，因为人员流动大、更新快）；使用卫生巾时应将其置于阴部中央适当的位置，撕去背面的贴纸，让黏胶固定于内裤上，注意不要触碰卫生棉的内面，以免被污染而引起泌尿生殖道炎症。特别提示：尽量不要使用可塞入阴道内的卫生棉条，同时卫生巾要勤换。

(2) 个人卫生：经期因盆腔充血、子宫颈口松弛、阴道pH 降低、阴部抵抗力降低而易受细菌感染，需要每天清洗外阴，尽量保持外阴的清洁、干燥。大小便后纸拭时应用卫生纸由前向后擦拭，避免阴部或尿道被污染。避免盆浴、游泳及泡温泉等。

(3) 不宜剧烈运动：经期因机体容易疲劳、抵抗力降低，所以不宜剧烈运动或进行重体力劳动，以免引起经期延长或月经量增多。适当的运动能稍微减轻经期的不适，可参加文体活动，如做体操或散步等。

(4) 健康饮食：经期情绪波动较大，最好不饮浓茶、咖啡等饮品；应避免进食辛辣、刺激的食物；多吃蔬菜和水果等；如果月经量较多，可多食用含铁量高的食物，如鸭肝、猪肝等动物肝脏，牛肉、猪瘦肉等肉类，以及蛋黄、豆类、芹菜等。

(5) 保暖：受寒易引起卵巢功能紊乱而导致月经失调，故经期需注意保暖、避免寒冷刺激，少食或不食生冷食物和饮料等。

(6) 做好经期记录：在月历上做好记录，可预测下次月经来潮的时间，并做好准备，以免月经来潮时措手不及。若有不正常周期的出血，能及时发现并就诊。

11. 痛经如何应对？

痛经为伴随月经期的疼痛，在月经期或行经前后出现的下腹疼痛、坠胀，是年轻女性常见症状之一。

根据有无器质性原因，分为原发性痛经和继发性痛经。继发性痛经常与盆腔器质性疾病有关，如子宫内膜异位症、子宫腺肌症、盆腔感染、黏膜下肌瘤等，常发生在初潮后数年，生育年龄阶段多见。

青春期女生痛经以原发性痛经为主，约占90%。原发性痛经常在初潮后1～2年内发病；疼痛多在月经来潮后开始，最早出现在行经前12小时，以行经第1天疼痛最剧烈，持续2～3天后缓解，疼痛常呈痉挛性，通常位于下腹部耻骨上，可放射至腰骶部和大腿内侧；可伴有恶心、呕吐、腹泻、头昏、乏力等症状，严重时面色发白、出冷汗；盆腔检查无异常发现。原发性痛经虽然并不是一种非常严重的疾病，但由于其发生率较高并会引起不同程度的疼痛和（或）其他不适，严重者需卧床休息，给学习和生活质量带来了严重的不良影响，还会间接影响其心理健康。

痛经的发生主要与月经来潮时子宫内膜前列腺素含量

增高有关。前列腺素含量增高可引起子宫平滑肌过强收缩，血管痉挛，造成子宫缺血、乏氧状态而出现痛经。此外，原发性痛经还受精神、神经因素影响，疼痛的主观感受也与个体痛阈有关。子宫的过度倾屈可使月经血流通不畅，造成经血潴留，从而刺激子宫收缩引起痛经。

原发性痛经的诱发因素包括十个方面：①母亲患有痛经，则女儿出现痛经的可能性较大；②月经初潮年龄越小（＜11 岁），发生痛经概率越高，疼痛程度越严重；③月经量过多、肥胖和营养不良都会增加原发性痛经的发生率；④心理压力过大；⑤经期不良的饮食习惯、膳食结构不平衡、营养物质缺乏等都会导致痛经的发生，经期食用生冷食物、刺激性食物会诱发或加重痛经；⑥抑郁和焦虑可能是引起痛经的心理危险因素；⑦睡眠不足会干扰内分泌功能导致月经紊乱，更容易发生痛经，而痛经又会影响睡眠形成恶性循环；⑧经期不注意保暖、用冷水洗漱等生活习惯也会诱发或加重痛经；⑨吸烟、喝酒等也和痛经的发生存在一定的相关性；⑩环境因素，如汽油、香蕉水等化工制品的气味刺激，也可能引起痛经。

原发性痛经者，月经期腹部的轻度不适可通过心理治疗、保持良好的生活习惯来缓解。青春期女生需要了解月经期轻度不适是正常生理反应，而消除紧张、焦虑情绪可缓解疼痛。疼痛严重者，可选用前列腺素合成酶抑制药（如布洛芬 200～400mg，每日 3～4 次；或酮洛芬 50mg，每日 3 次）或者口服避孕药治疗；一些中医治疗方法也有一定缓解痛经的作用，如针灸、推拿，以及服用益母草颗粒、桂枝茯苓胶囊、调经活血胶囊等。当痛经越来越严重、疼痛持续时间比以前要长、伴有月经量过多或出现发热、怕冷等情况影响到学习和生活时，要及时规范就诊，排除盆腔器质性病变的存在，以免耽误病情。

12. 青春期如何判断阴道分泌物异常？

白带是由阴道黏膜渗出液与宫颈及子宫内膜的腺体分泌液混合而成，其形成与雌激素作用有关。儿童期由于生殖器官还没有发育，激素水平低，阴道内少有液体。从青春期开始，卵巢开始分泌激素，促进内、外生殖器官发育。卵巢分泌的激素包括雌激素、孕激素和雄激素，随着卵巢功能的完善，雌激素分泌逐渐增多并趋于稳定，导致阴道黏膜分泌物增多而产生白带，所以青春期有白带很正常。

正常白带呈白色稀糊状或蛋清样、黏稠、量少、无腥臭味，对女性健康无不良影响，因此称为生理性白带。正常情况下，白带的质与量随月经周期而改变。月经干净后，白带量少、色白，呈糊状。在月经中期卵巢即将排卵时，由于雌激素分泌非常高，促使宫颈腺体的上皮细胞增生，宫颈黏液分泌量增加，白带增多、透明、微黏、蛋清样、能拉长丝。在排卵期间由于激素水平的改变，少量出血混于白带中，可能出现白带拉丝伴有血丝的情况，也是正常白带的一种。排卵2～3天后，白带变浑浊、黏稠而量少、呈乳白色糊状。行经前后，因盆腔充血，阴道黏膜渗出物增加，白带往往增多。

当发生阴道炎、急性子宫颈炎等生殖道炎症或癌变时，白带量显著增多且有性状改变，称为病理性白带。女性阴道是一个复杂的微生态体系，正常女性阴道内有50多种微生物，但这些微生物与阴道相互依赖、相互制约，达到动态的生态平衡，并不致病。若这个平衡被打破，则可能导致阴道感染的发生，从而出现病理性白带。

常见的病理性白带包括七种：①透明黏性白带，外观与正常白带相似，但数量显著增多；②灰黄色或黄白色泡沫状稀薄白带；③凝乳块状或豆渣样白带；
④灰白色匀质鱼腥味白带；⑤脓性白带，黄或黄绿色，黏
稠，多有臭味；⑥血性白带，白带中混有血液；⑦水样白
带，白带呈淘米水样且奇臭，或者呈清澈、黄红色或红色
水样白带。这些都是生殖道炎症或恶性肿瘤的表现，要及
时就诊。

虽然青春期女性一般没有性生活，但还是有患阴道炎
的可能，当出现病理性白带的时候，应该及时到医院就诊，
避免耽误病情。妇科检查时医生用棉签取白带做化验，在
显微镜下观察是哪种感染，再对症治疗。

综上所述，青春期有白带是正常的，注意外阴部局部
卫生，可以减少病理性白带的发生，如出现病理性白带应
及时就诊。

13. 青春期女生日常生活应注意哪些问题?

青春期是女生身心健康成长发育的重要时期。培养良
好的起居习惯，保证足够睡眠；均衡摄入营养，注意饮食
多样化；了解生理结构，认识自身的改变，做好日常生活
护理和保护好自己的私密部位，安全度过青春期。具体需

要注意五个问题。

(1) 保持良好的心理：认识月经初潮、乳房及阴毛的发育、出现白带等都是生长发育过程中的正常情况，不必害怕和担心。经期注意休息、保暖、谨防感冒，避免过劳及剧烈运动，保持良好的心理状态，尽量避免情绪波动。如果有异常情况，要及时告知父母或朋友寻求帮助，必要时及时就医。

(2) 注意外生殖器的卫生：青春期发育阶段的女生代谢旺盛，皮脂腺、汗腺分泌较多，阴道皱褶较多、弹性好，分泌液增多；而外生殖器容易藏污纳垢，尤其是中间部分，阴道口靠近肛门会有粪便污染可能，尿道口尿液的下流也容易使阴道污染，有时会发生外阴瘙痒。要注意衣着宽松，保持外阴的清洁、干爽，不宜为追求形体美的时装约束，不宜穿着紧身显身材的衣裤。每天更换内裤，注意内裤不应与外衣、袜子一同放入洗衣机清洗，应放在阳光下暴晒。内裤选择宽松、透气性好、吸湿性强的棉织物。不穿化纤内裤，平时避免使用卫生护垫。每天晚上用温热清水清洁会阴部，经期最好早晚各洗一次，避免冲洗阴道。一般来说，有条件时经期淋浴较好，不宜盆浴。此外，青春期女生私密部位保护十分重要，不仅注意个人阴部卫生，还要洁身自爱，杜绝过早性生活。掌握相应性生殖健康知识，预防性传播疾病。

(3) 注意做好月经周期的记录：观察月经的量、经期及周期的长短，需注意经期卫生，适时更换卫生巾。注意腹部是否有包块，若发现腹部长大和下腹部有包块，可能是卵巢有肿物，应及时就医。

(4) 注意乳房的卫生保健：乳房发育增大是女性成熟的标志之一，但有些青春期女生会因为害怕胸部发育被同学取笑而穿束胸衣。长期穿束胸衣会给身体造成危害，如影响内脏器官正常发育；胸廓不能充分扩张，胸式呼吸受到影响，全身的氧气供应减少；造成乳头内陷，乳房发育不良等。因此，乳房发育过程中不宜因害羞而过紧地束胸和过早佩戴胸罩。在乳房发育基本上得到定型（可借助软尺由乳房上缘通过乳头到下缘测量，上下间距超过 6cm）后，可以选取合适的文胸佩戴，适度松紧，根据乳房发育情况随时更换。胸罩的支托使乳腺负担均匀，减轻在进行体育运动和体力活动时乳房的上下震动，保证乳腺的正常血液循环，避免引发各种乳腺疾病，并通过胸罩的保护避免乳房受到损伤。临睡前应解开胸罩，以保证胸部的血液循环和呼吸畅通。沐浴时可以对乳头、乳房等进行清洗，同时做乳房自我检测，发现异常及时就医。

(5) 不宜浓妆艳抹：青春期女生新陈代谢速度快，皮肤每天排放适量油脂和汗液，若化浓妆会堵塞毛孔，阻碍皮肤新陈代谢，影响肌肤细胞的发育，使细胞老化加速，影响皮肤健康。

14. 青春期男生生理变化特点有哪些?

青春期男生主要有三大生理变化。

(1) 男性功能发育成熟：进入青春期后，男生的青春期性发育存在很大个体差异，但各指征的出现顺序大致相似。通常睾丸最先发育，睾丸开始增大的平均年龄约为 11.5 岁，18—20 岁时睾丸容积可达 15～25ml。阴茎增大开始的年龄约比睾丸容积增大晚半年至 1 年，可从青春期前的不到 5cm 增至青春期末的 12～13cm。遗精是青春期男生生殖功能开始发育成熟的重要标志之一，也是青春中、后期健康男生都会出现的正常生理现象。

(2) 身高、体态等的快速变化：随着性腺功能开始成熟和发生作用，男生身体出现除了生殖器官外的外貌特征变化，表现在身高、体态、相貌、毛发等方面的变化，即男性第二性征（亦称"副性征"）的出现。例如，男生的声音变粗，甲状软骨开始增大导致喉结的出现，且出现胡须、腋毛等。此外，青春期是男生的身体生长发育的第二个高峰时期。一般身高平均每年增加 7～10cm，体重平均每年增加 3～5kg。

(3) 器官功能的健全和心理发育的逐渐成熟：男生进入青春期后，性腺功能的逐渐完善和性激素的作用，对体内各器官和系统的生长发育有着明显的促进作用，随着体内器官功能的迅速健全，特别是大脑神经系统和性功能的发育成熟，为青春期男生心理的逐渐成熟产生重大影响并提供了物质前提和保证。

青春期男生发育是生长发育的重要阶段，青春期发动的年龄与种族、环境、地理位置及营养等因素有关。青春期发育的年龄、进程可有很大的个体差异，容易受到多种因素的影响。一些研究表明，儿童青少年营养不良或过度营养导致的超重肥胖均可能导致男生青春期启动延迟，所以青春期的男生要养成健康良好的学习、生活、饮食等习惯，如果有明显异常，需要及时咨询就医。

15. 青春期男生身高何时增长最快？

一般来说，出生时身长约为 50cm，1 周岁内是身高增长的第一次飞跃。随着青春期的到来，身高和全身器官一样，又经历一次飞跃。遗传因素、营养状况和体育锻炼等各种条件使得人与人的高矮有了明显差异。在青春期，身高生长加速，称为青春期骤长（pubertal growth spurt）。骤长过程约在青春期启动后 2 年开始，即初中阶段，达到最高生长速度。这一时期，身高增长非常明显，有的每年可增高 6～7cm，甚至 10～13cm，往往 1～2 年内，一个充满稚气的儿童就发育成壮实的小伙子。17—18 岁以后，身高增长速度明显缓慢，一直到性成熟时，即男性在 20—24 岁时四肢长骨和脊椎骨均已完成骨化，身高停止增长并基本定型。

影响身高的因素很多，如遗传、营养、体育运动、环境、心理因素、生活习惯、种族、内分泌、性成熟早晚、远近亲婚配、医学进步等，但在诸多影响身高的因素中，遗传是比较重要的。营养是人类赖以生存，即维持正常生命、发展身体、从事活动等必不可少的物质基础，保证供给质优量足的营养，并使维生素和矿物质（钙、磷、锌等）平衡对青春期生长非常重要。要多吃富含各类营养的食物，如豆类制品、蛋、鱼虾、奶类、瘦肉等动物性食物，以及富含维生素 C、维生素 A、钙等无机盐的蔬菜、水果，尤其是钙，可添加适量的钙质和鱼肝油。在诸多影响身高的后天因素中，最积极而又有效的因素莫过于体育运动。

16. 青春期男生生殖器官的特点有哪些？

男生生殖器官由外生殖器和内生殖器组成。男生外生殖器包括阴茎和阴囊。阴茎有勃起和松弛两种状态，可分为阴茎头、阴茎体、阴茎根三部分。阴茎头与阴茎根部之间的圆柱状部为阴茎体，悬于耻骨联合前下方，其外包被皮肤。阴茎体由两条阴茎海绵体和一条尿道海绵体组成。当性兴奋时，阴茎海绵体内充满大量血液，使阴茎勃起、变粗变硬，阴茎体伸长而背向后上方，尿道面向前下方，为阴茎的可动部。性交后，海绵体内的血液大量回流，阴茎随之疲软。阴茎前端的膨大部分为阴茎头，阴茎头也含有海绵组织，充满神经末梢，对刺激很敏感。阴囊是位于阴茎后上方的囊袋状结构。阴囊壁由皮肤和肉膜组成。阴囊的皮肤薄而柔软、有少量阴毛、色素沉着明显。肉膜为浅筋膜，内含平滑肌纤维，可随外界温度的变化而舒缩以调节阴囊内的温度，有利于精子的发育和生存。

男性内生殖器包括生殖腺（睾丸）、生殖管道（附睾、输精管、射精管和尿道）和附属性腺（精囊腺、前列腺和尿道球腺）。睾丸位于阴囊内，左右各一，是成对的椭圆形腺体，能产生精子和分泌雄性激素。附睾附着在睾丸的后外侧，可分为头、体、尾三部分，具有储存精子和促进精子进一步成熟的功能。输精管左右各 1 根，长 31～32cm，它的功能是输送精子。射精管长约 2cm，穿通到前列腺实质，开口于尿道前列腺部。附属腺体能分泌黏液，具有营养精子的作用，使精子获得能量，附属性腺分泌物构成精液主要部分。男性生殖道还分布着一些小的附属性腺，如尿道腺、壶腹腺、包皮腺等。

男生的青春期性发育存在很大个体差异，但各指征的出现顺序大致相似，即睾丸最先发育，1 年后阴茎开始发育，与此同时出现身高突增。睾丸容积开始增大的平均年龄为 11.5 岁（9.5—13.5 岁），18—20 岁时可达 15～25ml。阴茎开始增大比睾丸容积开始增大晚半年至 1 年，可从青

春期前的不到 5cm 增至青春期末的 12～13cm。

按 Tanner 五阶段分期标准，可对男生外生殖器（睾丸、阴囊、阴茎）的发育状况进行综合评价。第 I 阶段（幼稚型）：从出生延续到青春期开始，生殖器大小稍有增加，但外观几乎无变化；第 II 阶段：阴囊开始增大，皮肤略变红，质地有些微改变；第 III 阶段：阴茎长度增加，直径增加，阴囊进一步增大；第 IV 阶段：阴茎的长度和直径增大都更加明显，阴茎头形成，阴囊继续增大，皮肤颜色变深；第 V 阶段（成人型）：生殖器的大小、形状发育为成人型。

随着睾丸的生长，青春期的生殖功能也开始发育。遗精是男生青春期生殖功能开始发育成熟的重要标志之一，也是青春中、后期健康男生都会出现的正常生理现象。首次遗精一般发生于 12—18 岁，比女生初潮年龄晚 2 年左右。首次遗精多数发生在夏季，初期精液主要是前列腺液，有活力的成熟精子不多；到 18 岁左右伴随睾丸、附睾等进一步发育，精液成分逐步与成人接近。首次遗精发生后，身高生长速度逐步减慢，而睾丸、附睾和阴茎等迅速发育并接近成人水平。

17. 青春期男生没有胡子正常吗？

长胡须是男生第二性征的表现，是雄激素作用的结果。第二性征的出现，是因为男生进入青春期后，随着睾丸和阴囊增大，睾丸渐渐发育成熟，开始具备了产生雄激素的能力。分泌的雄激素使男生生殖器迅速发育，第二性征随之出现，如躯体外形健壮、肌肉发达、肩宽臀小、面部长胡须、喉结隆起、嗓音低沉等。男生胡须的出现和定型也有个过程。只有当青春发育期结束，性成熟后，男生体内的雄激素达到正常成年人的水平，这时胡须才会呈现成年人的样子。

身体健康的男生，体内雄激素水平大体上是一致的，但每个男生胡须多少却相差很大。有的人胡须浓密、有的人稀疏、有的人是络腮胡子、有的人是山羊胡子，这些都是正常状态下的差异，完全不要对此有顾虑。胡须的多少和形状同遗传、家族、种族、体型等有关。青春期男生没有胡须是不是病态，要从整个身体发育情况来判断。男生长胡须的起始年龄也并不完全一样，晚几年或早几年，都是正常的。例如，男生虽无胡须，但生殖系统和第二性征都正常发育，就属于正常情况；但若已进入青春期，既没有长出胡须，又没有出现明显的第二性征，甚至过了青春期后依然没有发育，应视为异常，可能是性激素等内分泌系统出现问题，需要到医院进行检查和治疗。

18. 青春期男生的乳房也会变大吗？

男生青春期乳房发育是指男生在青春发育时，由乳腺组织良性增生所致的一侧或两侧乳腺增大，一般认为是由于青春期出现一过性雌激素与雄激素不平衡导致，即雌激素先达到成年期水平而雄激素较晚达到成年期水平。男生青春期乳房发育通常发生在 12—16 岁，增大的乳腺组织一般不超过 3cm，可能是不对称的，并有轻度触痛，大多持续 12~18 个月，随男生性发育的成熟而逐渐缩小至消失；也有的持续 2~3 年，甚至持续至青春期后。不严重或者没有其他伴随临床表现者一般不需要行过多检查。如果有其他病因会出现相应临床表现，如出现声音尖锐、无胡须、无喉结、臀部宽阔等女性化征象，应及时就诊。

生理性者大多能自行消退，一般不需治疗。药物引起者停药后即可消失，病理性者需着重治疗原发疾病，少数需药物治疗。

若男生乳房过大、胀痛不适引起精神负担，经药物治疗无效或疑有肿瘤者，乳腺发育超过12个月，睾丸大小已经达到成年人大小时，可以考虑手术治疗。手术可通过乳晕下切口行皮下乳腺切除术，但术后可有乳头内陷或歪曲伴感觉减退，瘢痕明显，可使用脂肪抽吸术治疗，术后乳房形态自然，瘢痕小且隐蔽。

19. 青春期男生阴茎异常勃起是生病了吗？

阴茎勃起是人类的一种生理现象，勃起现象贯穿男性的一生，从胎儿到老年人，都有勃起现象，如婴儿时期即可在排尿前或者吸吮时出现自发性的阴茎勃起。阴茎勃起是男性性功能中最重要的功能，在男性性反应周期中，阴茎勃起有着最显著的表现。现代医学指出阴茎勃起是指男性阴茎受刺激或没有特定原因，血管舒张、血液快速地充入阴茎海绵体，最终导致阴茎膨胀、变硬、变长的过程，是在人体神经、内分泌及心理效应等综合调控下所产生的血流动力学变化而致的结果。阴茎勃起主要包括心理性（中枢性）勃起、反射性勃起、夜间勃起三种类型。

阴茎勃起也是青春发育期男生经历的重要生理反应。年龄变化与勃起有着密切的关系，男生进入青春期后，随着雄性激素水平升高和性发育的进展，性欲逐渐旺盛，在轻微刺激或无性刺激下亦可勃起。儿童和青少年对于生殖器官与相关生理反应的充分了解将帮助他们更好地保护、爱护自己和他人的身心健康与安全。

当男生进入青春期时，对于性总会有好奇的感觉，如对异性的爱慕，看到有关爱情的描写或者画面做性梦、紧身裤摩擦或者玩弄自己的生殖器官等。在性刺激、受到摩擦或者挤压等情况下，身体感官更为敏感；并且，由于激素等作用，勃起往往会较成年人更为频繁一些，其实这种现象就是心理性或反射性勃起，是正常的生理现象。对于青少年来说，这意味着变得更成熟，成了真正的男子汉，因此对于这个情况无须过于担心。

有的男生表示整夜都在勃起，他们会担心是不是异常勃起。其实，男生在夜间睡觉时都会经历勃起到疲软、再勃起再疲软的过程，这种情况就是阴茎的夜间勃起，正常男生每晚平均有 3 次以上夜间勃起。青春期还容易出现晨勃，这是年轻人性欲旺盛或夜间尿液堆积刺激膀胱引起反射性勃起导致的，都是正常的生理现象，不必为此大惊小怪，更不必为了勃起而感到羞耻。

为了避免公共场合勃起带来的尴尬，首先要解除心理负担，养成良好的生活卫生习惯，多参加体育活动，培养兴趣爱好，转移注意力，健康饮食，规律作息；其次，尽量避免色情淫秽的小说或电视等的刺激，也不在网上搜索相关的图片和视频；再次，在服装上面也注意不要穿太紧的衣服，衣裤要松紧适宜。

青春期男生要注意，如果阴茎持续勃起状态超过 4 小时，则有可能是阴茎异常勃起，需要立即前往医院就医，以免造成严重后果。

20. 青春期男生遗精是正常现象吗?

青春期男生遗精是正常生理现象，是性生理成熟的标志。因为青春期发育后，雄激素分泌增加，精囊内精液逐渐增多，出现精满自溢（即精液不自主从尿道口流出）的现象。首次遗精通常发生在 11—18 岁，近年来其发生年龄有提前的趋势。如果遗精发生在梦中，则称为梦遗。

每月遗精 1～2 次且无不适感，则称为生理性遗精；若频率达到了每周 2 次以上且伴有腰膝酸软、头晕疲倦等不适症状，则称为病理性遗精。病理性遗精可见于性神经症、前列腺炎、阴茎包皮炎、精囊炎、精阜炎及某些慢性疾病。通常只将病理性遗精视为疾病的临床症状，而非一种疾病。当以下症状与遗精同时发生，且经常出现时，则应咨询医生，以免延误治疗或引发其他疾病。相关症状包括头晕、夜间发冷或出汗、食欲不振、生殖器官周围有瘙痒和灼烧感、心率异常加快、严重的背痛、睾丸或会阴疼痛。

男生初次梦遗之后，平均每隔 10～15 天会发生一次遗精，具体时间间隔因人而异，即使是同一个人的时间间隔也会因状态不同而有所波动。通常来说，男生每月遗精 1～2 次或稍多几次都是正常的。遗精频率过高可能是内裤穿得太紧、被子盖得过厚、手淫过度、过多接触与性有关的视频或图片等，也有可能与疾病有关，必要时应就医。遗精次数偏少，如几个月遗精一次，不一定是病理状态，有可能与以下因素有关：①工作、学习压力过大，如高三阶段，部分男性遗精次数可能明显减少，甚至消失；②精液可以多次少量随尿液排出而不被发现；③有自慰习惯，精液随自慰排出，以至于遗精次数减少甚至不遗精。

此外，青春期男生约有 80% 会遗精，而 20% 不会，这并不代表不正常，可能与其较少思考性相关话题以致大脑皮层性刺激不足有关，也有一部分男生自慰较为频繁，可能也不会遗精。

如果出现遗精次数偏多、偏少、不遗精的现象，又不能确定是否正常，应去正规医院咨询医生。

21. 青春期男生包皮过长、包茎有危害吗？

包皮过长是指包皮覆盖尿道口但能上翻，露出尿道口和阴茎头。其与遗传有关，可分为真性包皮过长和假性包皮过长。真性包皮过长是阴茎勃起后龟头也不能完全外露；假性包皮过长是指平时龟头不能完全外露，但在阴茎勃起后龟头则可以完全外露。对于无炎症包皮过长，只要经常将包皮上翻清洗，也可不必行包皮环切术，否则应当及早进行包皮环切术治疗。青春发育阶段，勃起时包皮仍包着龟头不能露出，但用手上翻时能露出龟头，可诊断包皮过长。包皮过长主要容易导致包皮龟头感染炎症，严重者可使包皮龟头黏膜水肿、充血、糜烂、反复交叉感染，形成包皮龟头炎、包皮粘连等，同时还可通过性生活将多种病菌带入女性体内，导致女性阴道炎、宫颈炎、宫颈糜烂、盆腔炎、子宫内膜炎、宫颈癌等疾病的发生。

包茎指包皮口狭小，不能上翻露出阴茎头。包茎分为先天性包茎和后天性包茎。新生儿包皮内板与阴茎头表面存有轻度的生理性上皮粘连。若粘连被吸收，包皮退缩，阴茎头可自然外露；若未被吸收，就形成了先天性包茎。后天性包茎多继发于阴茎头包皮炎症，使包皮口形成瘢痕性挛缩。若包茎严重，包皮口狭小呈针孔样，可引起不同程度的排尿困难，尿流缓慢、细小，排尿时包皮膨起，严重时甚至导致尿潴留。此外，包皮不能翻起清洗，包皮囊内积聚包皮垢，包皮垢可从包皮口排出，亦可呈小块状存留于阴茎头冠状沟部，而且包皮垢存留，尿液排出不畅，容易发生包皮阴茎头炎，长期反复慢性刺激，可诱发感染、癌变、白斑病及结石。包皮阴茎头炎症时包皮口红肿，有脓性分泌物。包茎还可导致包皮嵌顿、疼痛剧烈、包皮水肿，在其上缘可见到狭窄环，阴茎头呈暗紫色，有排尿困难、长时间嵌顿，甚至可发生包皮和龟头坏死。

儿童期的包皮过长和包茎是正常的，在每一个正常男性新生儿及婴幼儿出生时，由于包皮和阴茎龟头之间存在天然的粘连，通常会出现生理性包茎或先天性包茎。我国一份有关男孩包皮情况调查数据显示，包茎随着年龄的增长从出生时的 99.7% 下降到青春期时的 6.81%。在 3—4 岁前，随着阴茎的生长，包皮垢在包皮下堆积，逐渐将包皮与阴茎龟头分离。婴儿有包茎或儿童有包皮过长，如无并发症，可不必施行包皮环切术。因为 3 岁以下小儿的包茎部分随年龄的增长而自行消失，另一部分儿童只要反复将包皮向上退缩，扩大包皮囊口，就会露出阴茎头，也不必手术切除。如果出现反复炎症、排尿疼痛困难或药物治疗无效，须咨询专科医生是否需要手术。

22. 青春期男生会患前列腺炎吗？

前列腺炎是男性最常见的泌尿系统疾病之一，有资料显示约有 50% 的男性在一生中的某个时期会受到前列腺炎的影响。虽然前列腺炎不是一种直接威胁生命的疾病，但是部分患者的生活质量可能受到严重影响，同时当前社会上少数医疗机构对于前列腺炎疾病危害的过度和夸大宣传，给患者甚至他们的家庭带来了严重的精神压力。

传统观念中，前列腺炎多发生于已婚的青壮年。但是，流行病学研究显示前列腺炎可以累及各个年龄段的患者，包括青少年。青春期前列腺炎一般发生于 14—18 岁。泌尿生殖道的炎症、性活动、精神心理因素，以及受凉、疲劳、压力和睡眠障碍等导致机体抵抗力下降，都是前列腺炎发病的重要诱因，特别是青少年因为学习精神压力过大、久坐缺乏锻炼，加之有熬夜、吸烟、饮酒、嗜辛辣食品或憋尿等不良的生活习惯，在极度疲惫情况下，盆底功能紊乱引起盆腔及前列腺长期充血，盆底肌肉长期慢性挤压，前列腺与尿道压力增加导致尿液反流，出现尿频、尿急、尿痛、尿不尽等尿路刺激症状。不良的过度手淫习惯亦可能是其中原因之一，常表现为急性或慢性发病。患者主诉以尿频最为常见，也可伴有尿急、尿分叉、终末尿痛等症状，与成年人比较，较少有腰腹及会阴等部位反射性疼痛。

部分青春期慢性前列腺炎，α 受体拮抗药治疗效果可能不理想，应采用心理、物理和中医辨证施治等方法，而不是单纯依靠药物治疗。可每日温水坐浴，或是用热毛巾、热水袋温敷小腹和会阴部。此外，为避免前列腺压迫，课间休息时宜适当活动，避免久坐。研究表明，体育锻炼越多，发生前列腺炎的可能性越低，但要少骑自行车，以减少对前列腺及盆底局部的压迫。此外，不要过度憋尿。

研究表明，慢性前列腺炎的一些机制基于中枢神经系统的关联。在经久不愈的前列腺炎患者中，50% 以上存在明显精神 – 心理因素，甚至人格特征的改变。青春期患者会有焦虑、压抑、疑病症、癔症甚至自杀倾向，这些精神 – 心理因素的变化可以引起自主神经功能紊乱，造成后尿道神经肌肉功能失调，导致骨盆区域疼痛及排尿功能失调。这时应及时医院就诊，积极进行心理调节疏导和健康教育咨询，消除学习生活的紧张精神状态，重点告知或提示患者前列腺炎是常见病，并非疑难、不治之症，它与性功能障碍、不育、前列腺癌等没有直接关联。患者要保持积极的生活态度，坚持正常生活与学习，不要过度关注前列腺炎引起的临床症状，更不可因此一蹶不振；青春期患者应放松心情，积极面对病症，从而缓解症状，治愈疾病。

23.青春期男生日常生活应注意哪些问题？

进入青春期的男生其体内性激素（以雄激素为主）升高，第二性征出现，性生殖器系统逐步发育成熟，同时也带来一些青春痘、长胡子、遗精、情绪波动等烦恼，应正视这些问题并科学应对，做好日常护理。

(1) 遗精的护理：遗精是正常的生理现象，不必紧张和焦虑，发现遗精应换上清洁内裤，保持外生殖器清洁并及时清洗换下的内裤。预防遗精次数过多以防影响身体健康，不要穿紧身裤睡觉，睡前不要喝太多饮品，也不要看色情图及书画；生活规律，培养良好的文化体育活动兴趣。

(2) 外生殖器的护理：阴茎卫生问题要引起重视。阴茎前方皮肤形成双层游离环形皱襞并包绕阴茎头，可保护阴茎、分泌液体，起到润滑、分泌抗病原体作用的免疫蛋白、促进性功能的作用。由于上述包皮功能受温度、pH、清洁度的影响，如果不注意局部卫生，分泌物积累并变得稠厚，形成的包皮垢如果长久积在包皮与阴茎之间，会引起包皮粘连、炎症，长期炎症刺激还会有致癌的风险。洗澡时要注意将包皮翻开清洗，注重清洗包皮垢，预防包皮炎症。

阴囊是一个天然"空调"，保护着睾丸。阴囊皮肤对外界温度很敏感，无皮下脂肪而有丰富的汗腺，有助于散热。当天气冷、温度低时，阴囊皮肤就紧缩成密密的皱褶，并回缩至会阴部，阻止散热，有助于保温；相反，在外界温度高时，阴囊皮肤松弛，增大散热面积，有利于局部散热。阴囊皮肤的这种作用，可以调节阴囊和睾丸内温度，以防太热而"烧"死精子，导致不育症。日常注意不要穿紧身衣裤，因为紧身裤会影响阴囊散热，从而影响其功能。此外，由于阴囊有丰富的汗腺，要注意局部卫生，勤换内裤。

(3) 胡子的护理：大部分男生在 16 岁左右开始长胡子，但此时的胡子并不像成年男性的胡子，只是一些绒毛而已，不用急着刮胡子，而且在 20 岁之前可以不刮胡子。不过胡子也受遗传因素影响，如果胡子长得快也是可以提前刮的。切记胡子可以刮但不能拔，拔胡子一般只能拔掉毛干、毛根，而拔不掉毛球、毛乳头和毛囊，胡子日后仍然可以再长出来。如果在拔胡子时损伤了皮肤、毛囊或皮脂腺，则附在手上或脸上皮肤表面的细菌就会乘虚而入，引起毛囊炎、皮脂腺炎，形成疖肿或导致嘴唇甚至面部肿胀。

(4) 声带的护理：到了青春期，声带发生变化是变声期的一个重要表现。在变声期，正在迅速发育的声带，都会有轻度的炎性水肿，外界的不良刺激，如过度使用嗓子、过多食用辛辣食物、着凉感冒、吸烟、喝酒等都容易造成声带的永久性损伤，使成年后的嗓音受到影响。所以，在变声期要注意保护嗓子。

(5) 情绪控制：由于生理上的原因，青春期男生心理活动也会产生变化，主要表现为情绪波动、易发脾气、叛逆、很难听进家长或老师的劝告，这几乎是青春期孩子都会有的情绪。因此，要学会觉察情绪变化，接纳不好情绪并及时调节，轻松平稳应对学习和生活，顺利度过青春期。

青春期男生尤其需要保护自己的隐私部位，外生殖器（包括阴茎和阴囊）是脆弱的器官，容易受到伤害。外生殖器最常见的损伤包括骑跨伤导致尿道损伤、阴囊血肿等，一旦受到伤害要及时去医院检查治疗。重视性器官卫生，讲究性器官卫生不只是女生的事，青春期男生也同样要重视，尤其是包皮过长者，要经常清除包皮垢，因为包皮垢不但易引起阴茎癌，而且易引起性伴侣患子宫颈癌。医学研究证明，男生的生殖系统要求在低温下最好，经常穿牛仔裤，会使局部温度过高，对精子不利，因此不宜常穿牛仔裤，尤其是在夏天及气候较湿时。

避免过早性生活。一般而言，男子到 20 岁以后性功能趋于成熟，如果早早地过性生活，性器官还没有发育成熟，易引起不同程度的性功能障碍，成年后易发生早泄、阳痿、腰酸、早衰等；还有不少性传播疾病，如梅毒、淋病、艾滋病与不洁性交有关，危害极大，切不可抱侥幸心理。

24. 青春期发育延迟该怎么办？

青春期发育延迟（delayed puberty），俗称"青春期延迟"，是指进入青春期后第二性征发育比一般人的平均年龄晚 2 个标准差以上。女生青春期发育延迟通常指 13 岁时乳房尚未发育或 16 岁时仍无月经初潮；也可以认定为在第二性征初现后 2～3 年没有月经初潮。男生青春期发育延迟指年满 14 岁仍无第二性征发育的征兆（睾丸容积＜4ml）。

青春期发育延迟是青春期常见的一种内分泌疾病，男女生都会存在青春期发育延迟，以男生多见。该病不仅影响生长发育与心理健康，还可能为一些慢性疾病或内分泌综合征的表现，需及时诊治。以下为青春期延迟的常见原因。

(1) 体质性（家族性、个体性）差异：发生青春期延迟的原因很多，但绝大部分不一定存在疾病状况，可能为家族性、个体性的体质差异所致。这类青少年从出生至学龄前期，身高和体重均在正常范围之内，青春期以前身高在平均身高的最低标准附近徘徊，身材较同龄人矮小。青春期出现较晚，进程也缓慢一些，有些到十六七岁以后才开始出现青春期发育迹象，女生进展相对更慢，但一旦进入青春期，则生长速度加快，其最终身高及生殖器官的发育大多能达到正常人的水平。这些孩子大多有家族史，其父母往往亦有青春期发育相对延迟的情况，也有一些存在个体差异。

(2) 功能性低促性腺激素性性腺功能异常：可以追溯到控制人体发育的指挥机关及大脑中枢分泌的特殊物质——激素。这种精细化的调控，常因下丘脑释放激素缺陷导致全垂体功能低下，导致内分泌失调而影响生长的因素有四种：①营养不良、营养失衡、过度肥胖等；②全身性疾病，如慢性消化道疾病、慢性贫血、厌食症等；③过度的精神压力，不良的家庭环境造成孩子心理上的长期创伤；④性激素产生异常，超极限剧烈的运动，促使脂肪的能量转化明显加速。

(3) 促性腺激素分泌减少，性腺功能减退：某些先天疾病引发或后天因素导致下丘脑分泌促性腺激素释放激素减少或垂体分泌促性腺激素减少，如垂体柄阻断综合征、颅咽管瘤、垂体瘤、头颅损伤后等。

(4) 促性腺激素分泌异常性性腺功能减退：大多数系遗传因素引发的染色体异常，导致性腺分化和发育异常。例如，多了一条 Y 染色体的克兰费尔特（Klinefelter）综合征，会出现超雄现象；少了一条 X 染色体的特纳（Turner）综合征，会出现超雌现象。

青春期延迟怎么办？家长、监护人、老师和青少年自己都应当注意察觉青春期发育延迟，建议尽早到医院就诊以明确原因，根据不同的病因，在专业医生指导下采取对因治疗，维持第二性征正常发育，防止远期并发症，坚持长期随访，同时注意保护青少年隐私和自尊心。

(1) 体质性差异：无须特殊治疗，定期观察生长速度及生长总趋势，虽然有延后，但一般进入"延后的青春期"生长速度会加快，最终能达到正常人的标准。国外有学者认为，体质性青春期延迟患儿因在同龄人中压力太大，缺乏自信，只有出现青春期迹象，才能使他们参加同龄人的体育及社会活动，所以可在 13 岁后行激素治疗促其发育。

(2) 慢性疾病或营养不良：治疗重点在于去除原发病因，改善营养状态，如用甲状腺素治疗甲状腺功能减退，生长激素治疗生长激素缺乏等，具体剂量的调控应当有专业医生的指导，同时注意适当增加营养，提倡营养均衡，不挑食，不要盲目减肥；消除精神心理上的障碍，并保持心情舒畅。多数病因去除或营养状态改善后，青春期发育会迅速自发到来，并表现出追赶生长现象，回归到同龄正常生长曲线范围，最终身高和青春期发育均与同龄人相似。

(3) 病理性状况：明确原因和诊断后需要积极治疗原发病。如染色体核型为 XY 的社会和抚养性别为女性的孩子，应于适当时机切除男性性腺；性腺功能减退的孩子应补充性激素治疗，促进第二性征发育和功能，使身体发育达到同龄孩子的水平。

25. 青少年如何应对青春痘？

对于青少年来说，最闹心的事情莫过于"青春美丽疙瘩痘"，青春痘不仅影响外表美观，而且还有可能对心理健康造成影响，干扰正常的社交。青春痘是什么，该怎么预防和护理呢？

青春痘，俗称"粉刺"，医学名词为"痤疮"，是发生在毛囊皮脂腺结构的一种慢性炎症性皮肤病。从婴儿到成人，几乎所有年龄段的人群都可以发病，但青春期最为常见，通常好发于面部、颈部、胸背部等皮脂溢出的部位，如果治疗不及时或治疗不当，可引发一系列的并发症。以下为发生痤疮的常见原因。

(1) 毛囊皮脂腺导管角化异常：由于遗传或人为的不当刺激，一些人的毛囊皮脂腺导管角化异常，堵塞了毛囊的开口，导致分泌物无法排出，就会长出微粉刺或肉眼可见的粉刺。其中，没有开口的粉刺称之为白头粉刺；如果粉刺开口表面被空气氧化，就形成了黑头粉刺。

(2) 皮脂分泌过度旺盛：由于皮脂腺分泌旺盛，过多的皮脂和角蛋白混合物会把毛囊口堵住，形成青春痘；而皮脂分泌过度旺盛的最主要原因是雄激素分泌过多，或者是雄激素活性增加，这与自身存在内分泌疾病（如多囊卵巢综合征）有关，也与不良生活作息、饮食习惯有关（如熬夜，精神紧张、焦虑状态，喜食辛辣、煎炸、油腻、高糖、高脂食物等）。

(3) 痤疮丙酸杆菌等微生物感染和免疫炎症反应：皮脂腺大量分泌脂质，为痤疮丙酸杆菌等微生物提供了繁殖生长的微环境，这些微生物大量繁殖的同时，也会通过天然免疫和获得性免疫参与痤疮的发生发展，所以一些人的青春痘是红的，甚至有脓疱。当炎症累及到一定阶段，则会突破毛囊壁，形成囊肿，此时如果修复不当，会出现增生性瘢痕或痘坑。

为了预防和应对青春痘，青少年日常生活中要注意以下事项：①不熬夜、适度运动，保持心情舒畅；②少吃高糖、高脂及辛辣的刺激性食物；③注意防晒，尽量不用粉底及彩妆，因为它可能会堵塞毛囊皮脂腺导管。日常护肤注意补水保湿、控油。如果出现皮肤问题，一定要到正规医院皮肤科去面诊，制订最适合的方案，千万不要在家自行使用高浓度的水杨酸或果酸，以免灼伤皮肤。

如果是已经成熟的脓疱或已经开口的浅层青春痘，可以挑治处理，建议在医院进行相关处理，因为自行处理不当可能会继发感染或引起色素沉着。对于深层青春痘及发炎的青春痘，千万不要强行挤压，以免损伤真皮纤维与表皮基底层，导致痘印或痘坑产生。医学上所谓的"危险三角区"是指从鼻根到两侧嘴角连线的三角区域，这个区域的血管非常丰富，而且面部的静脉血管没有静脉窦，病菌可通过血管进入海绵窦，造成颅脑感染。因此"危险三角区"长青春痘，一旦感染，不管挤不挤都可能导致颅内感染，尤其当青春痘直径超过 0.5cm 时，往往提示青春痘的炎症范围较大，应该立即就医。

26. 青少年心理特点有哪些？

青春期除了生理上的改变，心理改变也是巨大的，被称为"狂风骤雨期"。这个时期的青少年是心理矛盾混合体，虽然渴望独立，但生活上仍依赖家长；既拥有夹杂鲁莽的勇敢，又对老师的权威表现出害怕批评的怯懦；既高傲会做出挑战权威的事情，又会因为发型、衣服不称意而自卑；既怀念童年的天真无邪，又鄙视童年期的幼稚等。此阶段通常有六个心理特点。

(1) 自我意识在青春期会出现质的变化：这个时期的少

年对于"自我"的体验和感受前所未有地清醒。如果说儿童对自己的认识和评价基本是服从成人意见，那么青春期的少年则完全不同。他们对自己产生了强烈的兴趣，热衷于思考自己的优点、缺点，常常显得很自恋，但同时又经常夸大自己的缺陷，也总因为自己不够完美而沮丧。

(2) 独立性增强：进入青春期以后的少年总是希望得到他人的承认和尊重，希望摆脱成人的约束，渴望独立。为此，他们总是会尝试做一些之前没有做过的事情，希望得到成人的认可和尊重。

(3) 情感的变化非常显著：这个阶段的少年通常多愁善感、喜怒无常，情绪就像六月的天气，说变就变，而家长常常不知道为什么，这个时期情感多变是与情感深化共同发生的，在这一时期孩子们已经开始产生和感受到一些细腻复杂的感情。

(4) 开始关注与同龄人的交往：与同龄人的关系是这一时期生活中十分重要的内容。任何青春期少年都不可能脱离同龄人的影响，总是将彼此的交往与被同龄人认可看得极为重要。

(5) 与成人世界的关系开始变化：青春期少年不愿意再像小孩子一样服从家长和老师，他们希望获得像大人一样的权利，因此常常会顶撞父母来彰显他们的权利。

(6) 性意识的萌动与性别角色的深化：无论男生还是女生，都非常关心自己是否被他人接受和欣赏，以及自己是否够帅、漂不漂亮、能不能引人注意等，并很关注来自异性的评价，同时开始憧憬爱情降临。

27. 国内外青少年心理健康现状如何？

全球约有 1/6 的人口处于 10—19 岁年龄段。青春期是一个独特的发展时期，身体、情感和社会方面的变化，如暴露于贫困、虐待或暴力，都会使青少年易受心理卫生问题的影响。青少年的情绪丰富，敏感、善变，易烦躁、焦虑不安、恐惧、伤感，常感到孤独寂寞或空虚无聊等都是这个时期的心理特征。抑郁、浮躁、焦虑、自卑和嫉妒是青少年中比较典型的情绪问题，严重者会发展为抑郁症、焦虑症等问题。心理问题在青春期全球疾病负担中占有相当大的比例，是造成年轻人残疾的主要原因。多达 50% 的精神心理问题始于 14 岁之前。自杀是大龄青少年死亡的主要原因之一。青春期心理不佳预示着一系列高风险行为，包括自残、吸烟、酗酒、滥用药物、危险的性行为和遭受暴力，其影响持续存在，并在整个生命过程中产生严重影响。2021 年 WHO 数据表明：全球 10—19 岁人群中，约有 1/7 患有精神障碍，占该年龄组全球疾病负担的 13%。抑郁症、焦虑症和行为障碍是青少年患病和残疾的部分主要原因。自杀是 15—19 岁人群的第四大死因。青少年的精神卫生问题得不到解决，后果会延续到成年期，损害身心健康，并限制其成年后过上幸福生活的可能性。目前我国青少年的心理健康问题表现为以下几个方面。

(1) 学习压力大：青少年阶段普遍面临着升学压力问题，在巨大的压力下心理障碍的问题也会不断出现，多会聚焦在沉重的学习负担无法释压，考试成绩波动，寻求帮助困难，以及考前焦虑等。心理健康与心理素质、心理承受压力的矛盾突出。学习在青少年生活中占比最大，青少年乃至整个家庭的生活重心都向学习倾斜。部分青少年在如山的学习压力下出现了失眠、精神恍惚、烦躁、压抑等心理不良反应。青少年缺乏学习动机与动力也是学业类心理问题高发的原因之一。一些青少年周末、假日也要参加各种辅导班或培训班，有些不得当的教学方式也会影响孩子的学习积极性，尤其遇上考试成绩不佳的情况时，容易导致学习困难、厌学心理、自卑心理；基础较差的厌学者可能会学得更低效，考得更差劲，导致恶性循环，严重的还可能发生考试焦虑，甚至出现严重心理问题。考试焦虑是学业焦虑的一种形式，是由应试情境引发的一种以对负面评价的恐惧、担忧为主要特征的心理状态，通过采取防御、逃避的消极行为及不同程度的生理或情绪反应表现出来。一些学生从考试前好几天就开始心焦气躁、夜不能寐；一些学生则自信崩盘、忧心忡忡；甚至有些学生食不知味、高度紧张……进入考场后，还会出现心悸、出汗、胸闷、呼吸困难、不停想上厕所等症状。焦虑心理导致考场发挥失常，考试失败反过来又加剧了下次考试前的焦虑心态，形成另一种恶性循环。

(2) 人际关系紧张：青少年有交往、交流障碍问题，在集体活动中缺乏合作精神及责任意识，引起人际冲突、交往恐怖及沟通不良等问题。人际关系问题主要体现在与教师、同学和父母三个方面的关系处理。教师对学生的不理解、不信任导致学生产生对抗心理；专制家庭缺乏民主氛围，造就孩子孤僻专横的性格，过于严苛的管教，反而可能招致逆反心理与叛逆行为。内向孤僻的孩子在与同学交流时易产生误解与矛盾，影响到交际效果，使孩子更畏惧社交、更孤僻。社交恐惧症则是人际交往上比较严重的心理障碍，对某种特定的事物、活动或环境，表现出持续的恐惧与回避，如害怕被他人注视或注视他人。家庭环境对青少年心理健康的影响最为明显，一项青少年心理健康问题调查显示，在家庭结构正常时存在问题的占21.77%，而单亲家庭时占比则高达64.18%，跟随（外）祖父母生活占比更严重（超过90%）。成长过程中社会关系将会逐步发展，社交需求越来越广，自主独立意识会逐步增强，叛逆心理也会导致其疏远家庭成员，甚至质疑父母的权威，产生逆反心理。家庭经济环境困窘容易造成敏感孩子的自卑心理。其他问题包括父母经常争吵甚至离异、家庭暴力、自小不在父母身边长大、隔代抚养，以及有些外来务工人员子女对新的生活、学习环境适应不良，而其父母又忙于生计、疏于沟通、忽略情感照料等。这些情况下的青少年都容易产生各种心理问题，除抑郁、颓废外，人际交往困难、边缘型人格、消极厌世、自伤自残乃至自杀行为也较常见。

(3) 身心发展不均衡：青少年时期年龄跨度较大，在整个青少年时期身心发育有一个快速自我成熟的过程。青少年难以调节心理平衡，产生不同程度的"幼稚"表现。随着身心发育不断成熟，其心理情况极易被外界多元化因素干扰，产生新思想，接触更多新事物，必须尽快适应这一变化；同时，也有正确地看待他人对自身变化看法的顺应过程。身心发育通常无法做到有效平衡，会出现不稳定的成长状态。随着性器官的成熟和第二性征的出现，青少年逐渐感受到朦胧的性冲动，但还不能理解、控制它。他们可能对自己容貌与身材的变化感到焦虑，对萌发的性冲动感到困惑，对自慰和青春期性行为等感到羞耻与罪恶。处理异性关系也令他们困扰，如朦胧的爱恋会让青少年产生一种兴奋快乐与自责懊悔交织的特殊感觉，使他们处于焦虑与迷茫中，影响正常的生活学习。青少年心理发育尚未成熟、容易冲动、易感情用事、好走极端。若对恋爱事件无法正确处理，有可能失去理智，做出自残、自杀、伤害他人等严重恶性行为。

(4) 疫情期间心理健康：青少年普遍存在孤独、失落、烦躁不安等心理问题，与性别、年龄、父母焦虑、单亲家庭、隔代抚养儿童和缺乏体育锻炼等因素有关。有些特殊的情况，如疫情期间，青少年对其认识往往不够全面，加上网课等压力，更容易产生焦虑、恐慌等负性情绪。女孩子情感往往更加细腻、敏感，心理承受能力相对较差，单亲家庭及隔代抚养的青少年由于家庭关爱缺失、缺少陪伴、负性情绪得不到及时疏导，更容易出现心理问题。家庭及社会应积极采取相应的干预措施，对于年龄较小、单亲、女孩、隔代抚养儿童应重点关注，给予更多的关心及爱护。

最后值得一提的是，网络成瘾，即过度使用互联网导致明显的社会、心理功能损害的现象，以及与上网有关的一系列病态行为心理障碍，需要精神科干预。

在青春期有多种促进健康和预防疾病的机会，这可能在短期和长期内有益于年轻人的生活。保护青少年免受逆境影响，促进其社会情感学习和心理健康，并确保获得心身保健的机会对他们在青春期和成年期的健康和幸福至关重要。考虑到青春期明显的神经可塑性和在大多数精神卫生问题及危险行为开始时介入的机会，这一阶段被认为是干预的最佳时间。

28. 影响青少年心理健康有哪些方面？

青春期是形成对心理健康至关重要的社交和情感习惯的关键时期。这些习惯包括采用健康的睡眠模式、定期锻炼，培养应对、解决问题的技能和人际交往技能，以及学习管理情绪。家庭、学校和更广泛的社区所创造的保护性和支持性环境也十分重要。

影响心理健康的因素有多种。青少年接触到的风险因素越多，其心理健康受到的潜在影响就越大。在青春期，可导致压力的因素包括暴露于逆境、顺应同伴导致的压力，以及对身份的探索。媒体影响和性别规范可能会加大青少年的生活现实与他们对未来的看法或愿望的差距。其他重要决定因素包括家庭生活的质量及其与同龄人的关系。暴力（特别是性暴力和欺凌）、苛刻的养育方式和严重的社会经济问题属于公认的心理问题风险。一些青少年由于其生活状况、所遭受的污名化、歧视或排斥，或者因无法获得高质量的支持和服务而面临更大的罹患精神障碍的风险。其中，包括生活在弱势群体环境中的青少年，患有慢性病、自闭症障碍、智力残疾或其他神经系统疾病的青少年，怀孕的青少年，青少年父母有早婚或强迫婚姻经历者，孤儿，以及具有少数性取向或其他受歧视群体的青少年。

来自外界的各种风险和保护因素都会影响青少年的心理健康，包括学校内环境及教室外的风险和保护因素（表1）。了解青少年在校外可能会经历哪些意外和风险，有助于我们提供实用性的帮助。

表 1　WHO（世界卫生组织）关于青少年心理健康的
风险及保护性因素

来　源	风险因素	保护性因素
健康和环境	• 身体疾病 • 残疾 • 怀孕 • 酒精、违禁药物依赖（包括烟草） • 虐待史（身体或情感虐待、身体或情感忽视、性虐待、暴力或受害）、孤儿、难民或移民背景 • 与家庭成员关系不佳 • 家庭成员及监护人有心理健康问题	• 健康的自尊 • 情绪管理能力 • 压力调节技能 • 解决问题的能力 • 处理人际关系的技巧 • 健康的饮食、体育活动和睡眠模式
家庭	• 家庭成员压力沉重或亚心理健康 • 家庭成员的亚健康状态或死亡 • 家庭冲突、家庭暴力或分居 • 父母的监禁 • 药物滥用 • 低收入家庭 • 家庭经济 / 食品不安全 • 严厉的教育（包括父母的批评） • 父母缺少陪伴	• 家庭成员和照护者与青少年进行有效沟通 • 家庭凝聚力强和互相支持 • 父母给予陪伴、关怀和积极的养育 • 使用非暴力的管教方式 • 正常的家庭结构和良好的生活习惯 • 父母的认同 • 父母的社会支持

（续表）

来　源	风险因素	保护性因素
学校	• 学业压力和（或）学业挫折 • 学习支持不足 • 校园霸凌 • 使用严厉的惩罚	• 与学校沟通 • 与教师沟通
社区	• 犯罪、帮派和人际暴力 • 有获取酒精、毒品和武器的渠道 • 贫穷和失业 • 支持服务局限 • 潜在危及生命的情况、紧急情况（如疾病的流行或武装冲突） • 有害的社会和文化规范及做法 • 性别歧视	• 强大的社区领导能力 • 社会支持和凝聚力 • 支持服务的可及性 • 为青少年提供友好的活动支持 • 具备应急出警和执法能力 • 社区安全
同伴	• 霸凌 • 来自同伴的负面压力 • 人际关系冲突	• 朋友的支持 • 友好的同伴关系 • 对朋友和（或）恋爱关系的满意度

29. 青少年主要心理问题如何预防？

青春有灿烂的花期，也有连绵的雨季。随着青少年的成长，烦恼似乎也越来越多，甚至影响心理健康，但心理健康欠佳的青少年并非都表现为心理障碍，其中多数为轻微心理失调或心理困扰。这些心理问题主要来自学业、生活、人际交往、恋爱与性心理、情绪等方面，伴随快速的身体发育和思维成长，面对众多的压力和冲突，青少年可通过调整自身的心态与行为，同时打开心防，接受来自父母、师长和社会的帮助，维持心理健康，防止心理问题发生。青少年该如何预防心理问题呢？

（1）树立正确的人生观、价值观与世界观，正确面对挫折。"三观"正确，才能对人生、对世界、对社会万象有客观的认识，能正确地观察和分析事物，冷静妥善地处理问题，以此提高对挫折和心理冲突的耐受力。孩子遇到挫折或失败时，父母长辈一定要避免做出任何否定的消极反应，不妨表现为"鼓励、加油"的积极态度。这样，既能保护孩子的积极性，又客观承认了失败的存在并明示努力的方向。制订合理的奋斗目标，适度的期望能让孩子感到被给予信任，激励其发挥潜能。青少年应在父母或老师的指导下，基于自己的能力与个性，制订学习、工作或其他方面的努力目标。目标应恰如其分，略高于现在的水平。对自我的认知与认同是青春期永恒的主题，正确地认识自己，意味着既不妄自菲薄也不狂妄自大，而是实事求是地给自己客观评价。假如仅凭一腔热血定下脱离实际的目标，或者盲目参与不切实际的竞争，一旦目标落空、遭遇挫折便容易导致心理问题。

(2) 帮助青少年主动人际交往。人的社会属性决定了正常的社交不可避免。青少年时期活动范围过于狭小，接触事物过于单纯，缺乏与同龄人的交往，容易形成孤僻难处的性格。家庭环境毕竟太小，青少年需要以社会交往作为沟通思想、交流情感的桥梁，获得启迪、疏导与支持。通过与同龄人一起参与积极的社会活动，遵守共同规则，学会互相尊重，增进相互理解，增强彼此信任，将大大提高其学习、工作和生活中的自信心。父母尤其应当鼓励不善交际的孩子主动寻求与同龄人交往的机会，为孩子处理交际中的问题提供参考意见，这也是最大限度地减少心理问题、保持心理健康之道。

(3) 帮助青少年学会自我调控。青少年的生活中充满了大大小小的不如意，如平凡外貌引起的失落、考试失利引起的沮丧、同学间拌嘴后的气恼……孩子如有负性情绪，建议可向亲人、同学或朋友倾诉宣泄；此外要谨记，时刻提醒自己控制情绪，如试着投身令人愉悦的文体活动中，转移焦点，摆脱消极心境，从而使身心得到放松。父母也需切记，对孩子倾诉的负性事件绝不要用语言、行动来强调孩子的弱点或失败，而应通过正面积极的回应引导孩子吐露心声、舒展积郁、减轻压力。

30. 如何促进青少年心理健康？

WHO发布的《促进和预防青少年心理健康干预措施指南：帮助青少年茁壮成长》（以下简称《帮助青少年茁壮成长指南》）就促进心理健康、预防精神障碍、减少青少年自我伤害和其他风险行为的社会心理干预措施提供了循证，建议应向所有青少年提供普遍的心理社会干预。这些干预措施旨在促进积极的心理健康，预防和减少自杀行为、精神障碍（如抑郁和焦虑）、攻击性、破坏性和对立行为及药物滥用，具体措施包括以下几个方面。

(1) 应向受到有关紧急情况影响的青少年提供心理社会干预。这些干预措施特别有益于预防精神疾病（特别是与压力相关的抑郁、焦虑和障碍），可考虑这些干预措施以减少这些人群的药物使用。

(2) 应当考虑对怀孕青少年和青少年父母进行心理社会干预，特别是为了促进积极的心理健康（心理功能和心理健康）和提高入学率。

(3) 应向有情绪症状的青少年提供指征性心理社会干预。

(4) 应该向具有破坏性/对抗性行为的青少年提供指征性心理社会干预。这些干预措施可以减少攻击性、破坏性和对抗性行为，预防精神疾病（抑郁和焦虑），促进积极的心理健康。应谨慎实施干预措施，避免具有破坏性和对抗性行为的青少年增加药物的使用。

31. 国际组织预防自杀的有效干预措施有哪些？

"到 2030 年，将全球自杀死亡率降低 1/3"，这既是联合国可持续发展目标和 WHO《2013—2030 年精神卫生综合行动计划》的一项指标，也是一项具体目标（唯一一项有关精神卫生的具体目标）。WHO《2019—2023 年第十三个工作总规划》包含了同样的指标，倡导各国最好通过国家层面预防自杀综合战略，采取行动预防自杀。各级政府和社区实施"珍爱生命"战略（WHO 启动预防自杀工作的方法）。"珍爱生命"战略的核心支柱包括以下几项：第一是进行相关情况分析，即提供自杀和预防自杀的背景和现状，收集数据（如自杀率和自残率、所用方法、诱发因素或保护性因素、立法、服务和资源），进行情况分析，编制报告并与决策者、政策制订者和资助者分享，为规划和实施预防自杀活动提供至关重要的信息。第二是多部门协作，因为自杀的风险因素涉及诸多领域。政府参与或全社会参与的做法牵涉多个政府部门，也包括了非政府组织和社区团体。在政府的领导下，这种做法为共享知识、交流方法和经验教训，以及分享自杀相关数据和研究提供了便利，还有助于提高透明度和问责制。这种协作必须尽早开始，并确保做好准备。第三是提高认识和宣传，这有赖于以公众为目标受众的有组织的传播过程。提高认识即提醒人们注意一些事实，如自杀是一个非常严重的公共卫生问题。宣传则旨在引起非犯罪化等变革或推动国家预防自杀战略。提高自杀干预相关认识的宣传活动可以在单个社区进行，也可以进行全国性的宣传，可以连续、定期或每年举行（如世界预防自杀日）。第四是能力建设，可通过将预防自杀纳入卫生工作者的职前培训或继续教育培训来进行能力建设，可面向卫生工作者、紧急服务人员、教师和青年工作者等；对非专业卫生工作者和社区卫生工作者而言，可使用WHO《精神卫生差距行动规划干预指南》中自残／自杀模块及相关培训材料。第五是筹资，包括个人、基金会、社区团体或公司等。第六是监督、监测和评价，必须定期发布报告，以便为行动提供信息。

上述指南中介绍的干预措施包括四个方面：一是限制获取自杀手段的机会；二是与媒体沟通，以便对自杀事件进行负责任的报道；三是培养青少年社会情感方面的生活技能；四是及早识别、评估、管理和跟踪任何受到自杀行为影响的人。

青春期（10—19岁）是获得社会情感技能的关键时期，同时也是开始出现心理问题的风险期。培养其社会情感方面的生活技能是WHO《帮助青少年茁壮成长指南》的重点。该指南建议采用各项积极的心理健康方案，包括培训教育工作者、确保安全的校园环境（如反欺凌）、与相关服务机构建立联系、发现自杀风险时提供明确的政策，以及提高家长对心理问题和风险因素的认识。应提醒教师或保健人员，与年轻人谈论自杀问题并不会增加自杀风险，而是意在让其在有需要时寻求支持。

32. 青春期亲子关系的特点有哪些？

亲子关系是指父母与子女间的相互关系。亲子亲合（cohesion）与亲子冲突（conflict）是亲子关系的两个重要维度。亲子亲合是指父母与子女的亲密情感联结，它既可以表现在积极的互动行为中，又可以表现在心理上父母与子女对彼此的亲密感受。亲子冲突是指亲子间由于认知、情感、行为、态度等的不相容而产生的心理或外显行为的对抗状态，包括内隐的和外显的冲突，它常表现为争吵、分歧、争论甚至身体冲突等。

亲子关系是我们人生中的第一个人际关系，它对每个人的身心发展都十分重要，并且影响深远。父母与孩子过于亲近，一味迁就会溺爱，反之忙于工作、缺乏沟通则会导致亲子关系疏远，所以两者间关系的把控十分重要，关键在于了解孩子的需求。

亲子关系中父母对子女的支持和子女的自主管理是一个不断变化的过程，包括三个阶段。第一阶段：父母主导（6岁前），各种事情的主要决定权在父母。第二阶段：共同主导（6—12岁），在许多事情上儿童具有一定的选择权和决定权。第三阶段：子女主导（12岁以后），子女具有相当的判断能力，能够自己做出选择决定。

青少年期是个体生理与心理变化均为显著的时期。随着年龄的增长，自主意识逐步增强，对外界事物的了解不断增加，对父母言行的权威性开始质疑，导致原有的亲子关系格局逐步发生变化，从居主导地位的父母单向权威，向家长和子女双方居于相对平等地位的双向权威转变，这种关系带来的直接表现便是亲子冲突增多。

亲子冲突确实在青少年中带有普遍性，调查显示大部分青少年与父母发生过冲突，但冲突的频率和强度并不高；而这部分青少年与父母的亲合度相对较高。对于青少年尽管有独自闯荡世界的愿望，但与父母依然保留着强烈的亲情，与家庭始终保持着比较紧密的联系。但也应当注意到，确实有小部分青少年冲突强度高且较为频繁，与父母关系较为紧张，与父母的亲合度降低，彼此疏远。

父母不同类型的教养方式下亲子关系存在着一定的差异。从心理学角度来看，不同类型的父母教养方式对于青少年的成长会产生不同的影响。权威型的父母，容易与子女形成良好的亲子关系，他们既严格要求同时又尊重子女，能给孩子独立成长的空间，并且能正确评价孩子，这类家长往往得到孩子的尊重和热爱。专制型的父母，最容易使孩子产生负性情绪或者反叛情绪，他们要孩子绝对服从自己，而忽略孩子的独立意识，将其视为自己的私有财产或附属品。对处于青春期的孩子，父母的强制会激发他们的叛逆情绪，导致亲子间的冲突增加，甚至带来不良的后果。冷漠型（放任型）的父母，以自我为中心，不考虑青春期孩子的个性特点，亲子关系淡漠，对孩子缺少爱心，孩子感受不到来自父母的关爱和温暖，逐渐与父母疏远。溺爱型（宽容型）的父母，过分担心和干涉孩子的一切，不相信他们的能力，不给自由和空间，这会导致孩子与父母的关系看似亲密，却只能享受父母带来的一种单向关爱。此种状况下孩子的自信心很难建立，甚至还会滋长任性和自私等恶习。期望型的父母，对孩子既有支配又有保护，他们往往对孩子的期望值过高，无视他们的实际能力，给子女带来很大的压力，产生反抗或躲避行为。伙伴型的父母，父母与孩子平等相处，与孩子做朋友，尊重孩子的意愿，亲子关系比较融洽，但是好伙伴模式的家长经常站在好朋友立场上保护孩子，对孩子的管理比较松散，使孩子缺少了从成人视角去适应社会的机会。

亲子关系应当建立在父母和孩子双方共同影响和调节的对等关系上，家长应了解青春期孩子的心理发展和需求变化，既要给孩子选择和决定的权力，又不能放任自流，不宜过分强制孩子，也不能给予溺爱和保护；应当与青少年保持良好的沟通，获得他们的信任，给孩子宽松的成长空间，使他们有一定的自主性和权利。家长是孩子的"第一任老师"，是孩子的引路人，双向交互作用融洽，亲子关系才能和谐发展。

33. 家长如何与青少年良好沟通？

人际沟通是个体与个体的信息及情感、需要、态度等心理因素传递与交流的过程。沟通模式由信息源、信息、通道、信息接收者、反馈、障碍和背景七个要素构成，各要素的关系如图 2 所示。

父母、教师或青少年工作者在与青少年沟通的过程中，应基于青少年特殊的心理特征，充分利用沟通模式七要素的特征及相互影响因素，建立起顺畅的沟通模式。

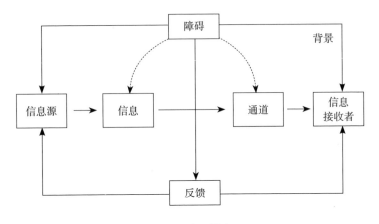

图 2　沟通模式

在人际沟通中，信息源是具有信息并试图沟通的个体，信息接收者是沟通的另一方。首先，我们在发起沟通前，要了解孩子的气质特点，清晰地认识到孩子正处于第二个叛逆期。其次，要根据不同的信息确定适合孩子的沟通通道。信息是沟通者试图传达给他人的观点和情感，通道是沟通过程的信息载体。

我们鼓励面对面的沟通，因为面对面的沟通除言语信息外，还有眼神、表情、身体姿势、身体接触等非语言的信息，可以跟青少年有更多的互动和反馈，更容易拉近距离，促进双方的情感交流，使沟通顺利地进行。但是，对于可能会触发青少年情绪冲突的信息，或者沟通双方关系过于僵硬，也可以先借助微信、QQ、书信等媒介做前期的沟通和铺垫，再过渡到面对面的沟通。

在沟通过程中，成人应避免命令式的沟通模式，多与孩子商讨，通过协商达到一致目标；避免只提要求不谈感情的沟通模式，多与孩子谈谈感受，关注孩子的情绪变化；避免唠叨式的沟通模式，同一事件沟通的频次与效果的关系曲线是呈 U 形的，尤其是一而再，再而三地反复提醒或批评更容易激起孩子的超限逆反心理，反而导致事与愿违；避免穷追猛打式的沟通，就当前事论当前事，陈芝麻烂谷子的往事不宜揪着不放。

反馈使沟通成为一个双向的交互过程，双方都不断地把信息回送给对方，将自己对信息的理解和接受程度呈现给对方，通过补充和再解释来相互修正，达到沟通的最终目的。我们在与青少年的沟通过程中，要避免唱独角戏，避免一味地灌输，重视孩子的反馈信息。一旦孩子开始表达其感受和建议时，不要随意打断，可以通过"嗯""是的""这样啊"等简短的话语，或者点点头，给个鼓励的眼神，给孩子反馈，表达"我在听，我在认真地听"，这会鼓舞孩子畅所欲言。如果能把孩子的反馈理解后再反馈给孩子以确认"我理解得对吗？""是这样吗？"则更好。

人际沟通也常常会发生一些障碍，使信息沟通不充分或不明确，甚至产生误解，导致沟通失败。进入青春期后孩子要求人格独立、要求社会地位平等、要求精神和行为的独立自主，他们往往会有一个反抗的对象，如果亲子关系不是很融洽，父母很有可能成为他们的"假想敌"，这样先入为主的主观反抗因素会造成沟通障碍。

父母要有思想准备，提前调整对待孩子的方式，使亲子关系和谐，做能够跟孩子平等沟通的朋友。首先，父母要尊重孩子，孩子存在自我价值保护，对肯定自我价值的人会认同和接纳，对否定自我价值的人会疏远或逆反。其次，父母要做出表率，要求孩子做到的事先要自律；父母要有让孩子钦佩的方面，同时在某些方面也要适当示弱，让孩子有展示才能的地方。最后，父母可以培养一些跟孩子共同的兴趣爱好，这会成为互相吸引的动力，也会创造出许多的共同话题。

背景是沟通发生时的情境，它影响沟通的每一个要素及整个沟通过程。例如，涉及私密的话题要单独沟通，暴露孩子的某些信息也要事先征得孩子的同意。在某些事件发生的当时，一方或双方处于不良情绪中时，宜先照顾情绪再处理问题，兴奋宜先疏导，悲伤宜先安抚，愤怒宜先冷静，等大家心平气和后再进行沟通。

34. 青春期哪些表现"相对正常"？

青春期是儿童发展为成人的过渡时期，其行为的一个重要特点就是表现出动态的变化，包括时间与空间、质变与量变、强度与宽度等多维度的不可预测性。青春期孩子的父母可能会对他们出现的预期内或预期外的行为是否正常普遍存在疑问和焦虑。因此，青春期孩子的父母不仅要了解他们可能会出现哪些"正常"与"不正常"的行为，更要学会如何识别和处理青春期孩子的"不正常"行为，才能做到应付自如，保持稳定和良好的亲子关系。青春期孩子有哪些"相对正常"的表现呢？

(1) 独立意识增强：孩子进入青春期后，生理功能逐渐发育成熟，而心理上正处于"断乳期"，孩子有了成人感，独立意识凸显，希望得到成人的认可、尊重和理解。我们要做的是充分尊重孩子的独立意识，在安全范围内给孩子创造锻炼的机会，培养其独立性。

(2) 叛逆：由于青少年独立意识的增强，一方面想摆脱父母、自作主张，另一方面又必须依赖家庭，因此就会逐渐产生逆反的心理。此外，家长的专制及部分学校老师居高临下、不恰当的教育方式也容易激起孩子的叛逆心理。我们首先要做的是对叛逆心理有正确、清晰的认知，接纳孩子，相信孩子的叛逆只是成长过程的现象，是正常的心理特征；其次是充分应用平等尊重的教育方式，加强沟通与交流，缓解青春期孩子与家长及老师的矛盾，共同成长。

(3) 厌学：据我国青少年研究中心的一项调查表明，目前约有 70% 以上的青春期孩子有不同程度的厌学心理倾向或者厌学行为，这就说明厌学心理是普遍存在的，需要引起重视。孩子厌学心理的成因是多方面的，主要有社会因素、学校因素、家庭因素和自身原因。如果发现孩子有厌学心理，要主动与孩子沟通，关心孩子的心理状况，找出孩子出现厌学心理的原因，与老师一起帮助他们解决问题。除此以外，学校老师要提高对学生心理的关注度，让学生对学习的目的有正确的认知，积极优化教学模式和教学方法，合理地运用激励机制，激发学生的内在动机。

(4) 睡眠问题：由于不断增强的学业压力及电子产品的普及使用，睡眠问题在青少年中普遍存在。有研究表明，

50% 的在校学生存在睡眠不足的现象，37% 的青少年每晚睡眠时间只有 4～6 小时，比正常要求的 8～9 小时少很多。除睡眠时间不足外，青少年的睡眠质量也存在很大问题，32.5% 的青少年反映晚上很难入睡。青少年睡眠不足或睡眠质量不佳不仅会影响生长发育，还会严重影响青少年的神经功能，需要引起重视。怎样才能改善睡眠问题呢？首先，要正确认识睡眠问题的成因；其次，家长要帮助青少年养成良好的睡眠习惯，坚守正常的作息规律，严格控制看电视、手机或玩游戏的时间和次数，鼓励尽可能多地参加一些文体活动，有助于缓解压力、放松身心，也有助于睡眠质量的提高。当然，对于饱受睡眠障碍困扰且不能自行调节的青少年，建议及时寻求专业人员的帮助。

(5) 情绪波动：青少年由于心理发育不成熟和自我身份认同迷茫，很容易出现情绪的剧烈和频繁波动，也容易出现冲动性和冒险行为，不利于个人的健康成长，同时还会损坏人际关系，影响个人的事业和前途。对于这些情绪波动，首先要认识到这是一种正常的心理现象，不能大惊小怪，更不能说他们"疯疯癫癫"。其次要告诉孩子，情绪、情感是能够被意识到并受思想意识调节的，要学会控制自己的情绪，尤其是在愤怒、苦闷的情况下进行自我调节。

遇到不顺心的事情，不能长期压抑在心里，否则也会危害身心健康。在感到情绪将要不能自控时，练习深呼吸，转移注意力，试着安抚不良情绪。经常做这样的训练，有助于控制愤怒。此外，可以找父母、老师、同学，把自己心中的不满和愤怒倾诉出来，或者采用安全的方式进行宣泄，如把愤怒和冲动诉诸文字，写封信给自己。同时，老师和家长要善于发现孩子的情感波动，及时给予关心、开导和抚慰。

(6) 说谎或隐藏事实：说谎是指诉说与事实不相符的情况的行为。客观地说，说谎行为在各个年龄阶段都存在，不过相比较而言，由于青春期的叛逆心理和发育的不成熟、不稳定性，青少年说谎行为可能表现得更为突出。青少年说谎更可能是一种心理问题、行为问题，与道德问题有很大不同，应该正确认识青少年说谎的深层次心理原因，根据具体的情况做出适度的反应。

(7) 自以为是："现在的孩子怎么这么自我。"生活中，我们经常会听到一些人这么说青春期的孩子。其实，青少年以自我为中心是青春期孩子普遍存在的心理特征，也是正常发展的必然阶段。然而，太以自我为中心的孩子会给自己造成负面影响，也会给家长和老师带来一定的困扰。

因此，在青春期这一特殊阶段需要我们根据青少年的心理特征进行正确的引导。例如，家长要以身作则，凡事为他人着想，孩子会耳濡目染，懂得为他人考虑；还可让孩子多参加集体活动，培养孩子的集体主义精神。

(8) 容易放弃：逆商和韧性的发展需要以实际生活中的失败和挫折为依托。因此，在青少年还没有形成稳定的韧性之前，容易放弃是一种相对正常的行为。父母需要做的是提供一个宽容的环境，在跌倒处把他们扶起来，继续前进。

(9) 关注自己的外貌和体征：青春期孩子更关注自己的外貌形象、注意自己的言行举止、越来越爱打扮，也会因为某些不甚令人满意的外貌特点产生焦虑，这些都是青春期自我意识发展的正常表现。我们要做的是合理引导，帮助青少年树立正确审美观，解除他们的审美焦虑，促进他们全面发展。人的颜值有高低，这是正常的，要学会欣赏平凡、调整心态、悦纳自己。外在美是一个人的审美形象中最浅层的存在，内在美更为关键，因此我们要引导青少年不断学习，提升自己的内在修养美。

(10) 对异性产生好奇与兴趣：男女进入青春期，下丘脑、垂体、生殖器官的发育渐趋成熟，男性睾丸产生的雄激素和女性卵巢产生的雌激素水平增高。由于激素水平的变化，引起了青春期一系列生长发育的特征，医学上叫作"第二性征"，从而产生了性的驱动力。这种驱动力如同正负电荷一样，起到异性相吸的作用，从而使青年男女对异性产生好感，这是性生理发展日趋成熟的标志，是一种正常的生理反应。我们要做的是给予青春期孩子情感和性的正确引导，帮助他们树立远大理想，以学习为主要目的，培养自尊、自爱、自强和自律等良好品质，以客观的态度对待青春期性生理和性心理变化，掌握科学的性知识，不要沉溺于对异性的迷恋之中。

35. 青少年有哪些"非正常／不被认可"的表现？

青春期是个体发展、发育最富特色、最宝贵的时期，是人生的黄金阶段，该时期由于心理发育不成熟、自我身份认同迷茫及外界环境的影响，一些青少年可能会出现一些"非正常／不被认可"的表现，也被视为人生的"危险期"。那么，具体有哪些表现，作为父母要如何应对处理呢？

青少年"非正常/不被认可"的表现，如很少或不参与同伴及朋友的正常社交活动、长期焦虑、愤怒或悲伤、突然严重的情绪变化、打架斗殴、辱骂他人、逃学、旷课、夜不归宿、学业急剧下滑、吸烟、饮酒甚至吸毒、痴迷于体重和（或）饮食习惯的急剧变化、结交社会不良人员、网络或手机成瘾、观看或收听色情淫秽音像制品、偷东西等违法行为、自残/自杀等。

作为父母首先应该了解青春期孩子的身心发育特点，理解孩子的情感和心理需求；因人、因事、因地采用不同的方法加以引导，这样才能取得有效的结果；还要提供稳定和谐的家庭环境，发展并保持牢固的亲子关系；并以平等、互相尊重为基础，加强"心与心"的沟通；给出明确和适合他们发展阶段的方向或目标，千万不要将他们与别人家的孩子攀比。父母要以身作则，给孩子最好的示范，做最好的榜样；仔细观察孩子的行为举止和活动，鼓励参加体育锻炼，与学校老师配合引导青少年朝着正面、积极的方向发展，帮助塑造健全的人格，及早发现异常并寻求专业的帮助。孩子的培养要从小开始，而不是等到孩子们出现问题了才开始考虑去找"专家治疗"，最好的"治疗"是预防。

36. 青少年厌学有什么表现？

有的父母会发现打发孩子去上学是件难事，即使不赖床，也可能有各种借口拖延磨蹭，甚至说自己感觉浑身难受、肚子疼、夜里失眠没睡好，真去医院检查却发现身体压根没问题。父母也许会认为孩子为了逃学在"装病"，然而这"病"有时真不是装的，真正的"病"是"厌学症"。厌学症是指孩子消极地对待学习活动的行为反应，表现出情感上消极对待、行为上主动回避学习。它是目前最常见的青少年学习心理障碍，也是最常见的青少年心理疾病之一。一旦患上厌学症，孩子会对学习感到索然无味，丧失学习目的，甚至感到"恨"（如恨书本、恨老师、恨学校）。极端情况下只要提到"上学"，孩子就会出现满头大汗、头晕恶心、暴怒躁狂、歇斯底里等症状。

究竟是什么原因导致了孩子陷入厌学症呢？追本溯源，可能与孩子自身有关。第一，当薄弱的自制力被天生的惰性征服，学习在孩子心里就成了一件又苦又累又无趣的事，避之则吉。第二，孩子付出了很多时间与精力在学习上，放弃了玩乐、休息和个人兴趣爱好，可是并没有取得理想的考试成绩，没有获得认可。付出与回报的不对等导致他们判断自己"不是那块料",于是开始厌倦学习,当初有多刻苦,后来就有多厌恶。来自环境的诱惑也在厌学症的发生中扮演了重要角色。手机、平板电脑、短视频、网游、五花八门的新奇玩具等总在向意志薄弱的孩子们招手;反之,孩子被父母"鸡娃"式培养,每天被书山题海淹没,放松娱乐成了奢望,也可能对学习产生逆反、感到厌倦。

37. 如何帮助青少年缓解压力?

压力(stress)是压力源和压力反应共同构成的一种认知和行为体验过程。压力源是现实生活要求人们去适应的事件,压力反应包括主体觉察到压力源后,出现的生理、心理和行为反应。青少年的压力源主要来自学业和人际适应问题。人际关系适应问题可能是与父母、老师等成人相处不融洽,也可能是与同龄人交往不良或恋爱问题。压力源可能是单一的,也有可能是叠加的,叠加性压力对青少年的影响会更大。

压力的适应过程分为三个阶段:①警觉阶段,此阶段发现了压力源,个体出现警觉、兴奋、紧张等心理症状,同时由于交感神经兴奋，表现出呼吸、心跳加速、汗腺分泌增加、血压和体温升高等躯体症状。②搏斗阶段，此阶段个体全力投入对压力源的应对，警觉阶段的生理指标在表面上恢复正常，但个体内在的生理和心理资源被大量消耗，个体变得敏感、脆弱、焦虑，日常生活的小事件都可能引发个体强烈的情绪反应，个体表现为消除压力，或者适应压力、压抑或退却。③衰竭阶段，此阶段由于压力源的长期存在，能量几乎耗尽而无法继续抵抗压力源。进入第三阶段时，如果外在压力源基本消失，或者个体的适应性已经形成，经过休整个体可以康复。如果压力源仍然存在，或者个体仍不能适应，可能会引发躯体疾病或者出现心理问题。

父母、教师或青少年友好门诊的医护人员可以通过评估压力事件、青少年对压力事件的自我体验及其躯体和心理反应判断青少年的压力适应能力。对于压力适应能力较弱的青少年，尤其是出现焦虑、烦躁、过度敏感等情绪反应，以及食欲下降、失眠等躯体症状的青少年，应帮助其舒缓不良情绪，理性地分析压力事件，提升适应压力的能力，并给予情感支持；对不良情绪持续 1 个月以上，维持正常的学习和社会交往有困难的青少年应及时转介，寻求专科医生或心理专业人员的帮助。

青少年的人格特征、对压力源的认知和社会支持系统可能会增益或消减压力源的强度。首先，外控型人格的青少年认为个人生活中的主导力量是外力，对自己如何生活，是无能为力的；内控型人格的青少年认为在生活中发生的事件，根源在自身，成功是个人努力的结果，失败是自己的失误。这种不同的归因导致其对压力事件持有不同的态度，而不同的态度又会影响对压力强度的体验。内控型人格者在遭遇到压力事件之后体验到的压力强度就比外控型人格者低。其次，在碰到压力事件后，个体会评估压力源的强度、自己的实力及压力事件对自己的利弊，判断自己能否应对及确定应对方式。正确地评估压力源和自己的实力，可使压力源的强度相对降低；若过高地评估压力源而过低地评估自己的实力，则使压力源的强度提高。最后，社会支持系统一方面可以给青少年提供物质上的帮助，增加应对压力事件的物质条件，另一方面给予青少年精神上的支持，帮助青少年正确评估压力事件和自己的实力，与青少年一起规划应对的策略，在其感到孤独无助、紧张焦虑的时候给予情感上的安抚，从而增强青少年应对压力事件的信心，稳定情绪。总之，良好的社会支持系统可以使压力事件的强度相对降低，反之则会提升压力事件的强度。

例如，一名学生期末考试失利，该学生为内控性人格同时有良好的认知系统，对压力事件有正确的评估和切合实际的分析，认为考试难度在正常范围，但自己在考试冲刺阶段分心看小说，是自己不够努力，没有全面复习而导致考试失利。该学生本应能够消解压力强度，但其社会支持系统不良，如父母横加指责、老师批评、同学嘲笑，这就增加了压力的相对强度，导致出现情绪低落、悲观失落的情绪反应。

38.如何帮助青少年避免网络或手机成瘾？

从预防的角度来说，家长和老师需要在孩子成长过程中，帮助其养成良好的网络使用习惯，根据孩子的年龄特点采取不同的管理和引导方式。

对于年龄较小的孩子，如 10 岁以下，需要采取以下较为严格的管控措施，约束孩子上网和使用电子产品的行为。

(1) 时间的控制：家长需跟孩子明确网络使用时间，如每次不能超过半个小时，每天不能超过 1 小时。可以使用各类 APP 管理工具或电子产品自带的时间管控功能，严格控制电子产品或网络使用时间。

(2) 浏览内容的控制：家长需要对孩子的网络浏览内容或游戏内容进行把关，避免其浏览不良网站。

(3) 使用场所的控制：家长需明确孩子的电子产品使用场所，确保在家长的可控范围内，避免孩子躲避家长偷偷浏览或玩游戏。

对于年龄较大的孩子，如 10 岁以上，可以和孩子一起制订电子产品和网络游戏的使用规则。例如，写完作业后或某一特定时间段可以使用，以及每次的使用时间等。让孩子参与到规则的制订中，有助于孩子更好地遵守规则；同时也要鼓励孩子自我管理，培养其自律的品质。

不管孩子年龄多大，家长在教育孩子时一定要注意以身作则、言传身教。首先家长要避免自己每天沉迷手机或游戏，要把时间留给孩子、陪伴孩子。其次家长在和孩子沟通时，要注意尊重与理解，用同理心换取孩子的信任，这是沟通的第一步；千万避免权威打压的强硬方式。

如果孩子已经出现了不同程度的网瘾症状，我们需要更加耐心的引导，对照前面所述影响因素，分析孩子网络成瘾的原因，对症下药。目前网络成瘾的治疗尚无统一规范，但多项研究证明，以下三种方法是有效的网络成瘾干预手段。

(1) 体育运动：体育运动部分具备网络游戏的娱乐性和社交性功能，在一定程度上可以替代部分网络体验感；同时，运动产生的多巴胺对于情绪调节和心理健康具有较好的促进作用。研究显示，对于轻度网瘾群体，加强体育运动可以有效地减轻对于网络的依赖，但对于严重的网瘾少年，单纯的体育运动干预是不够的。

(2) 替代递减疗法：从使用阅读等替代方式减少依赖网络时间着手。为青少年提供可选择的替代活动内容，逐日递减上网时间，并辅以集体辅导、主题活动等，可参考汤珺等制订的活动方案[①]。

(3) 其他临床干预手段：团体疗法、药物治疗、电针疗法、脑电生物反馈治疗等手段在前期研究和临床实践中都有一定的干预疗效。当孩子的网瘾严重时，请及时求助于专业医疗机构，就医时请注意医疗机构的资质。

---

① 汤珺，王晶，向东方，等. 替代递减疗法在青少年网络成瘾干预中的应用效果 [J]. 中国学校卫生，2017，38（2）：228–230.

网络成瘾不应被简单定义为一种疾病，青少年过度使用网络往往伴随着其他问题，涉及家庭、学校和孩子自身，问题的改善和解决需要多方共同努力。家长正确关注和教育、学校支持，以及同伴帮助，都可以减少青少年对网络的过度使用。

39. 青少年有外貌或身材焦虑怎么办?

青春期是个体生长发育的第二个高峰期，这个时期的青少年身高快速增长、体重迅速增加、生殖系统迅速发育、出现第二性征。该时期身体各部分都得到充分的发育，他们的体貌特征开始接近成人。身体外形上的迅速变化，会让青少年对自己身体的认知陷入矛盾；性器官与性功能的成熟，青少年基于对两性关系的意识和对异性的新的情感体验，会开始注重自己的外表仪容，这就容易产生外貌或身材焦虑。

怎样才能帮助青少年减轻外貌或身材焦虑? 首先，帮助青少年树立正确的健康观念。健康是指人体良好的身心状态，不能把"健康"等同于身材的苗条和瘦，从而盲目节食，要认识到只有超重或肥胖者才需要减重，科学的饮食管理，配合体育锻炼是身材管理首选的方法；要引导青少年树立正确的健康观念，养成健康的生活方式，如平衡膳食、适度的体育锻炼，以良好的身体素质去迎接未来的挑战和美好生活。

其次，倡导青少年树立多元的审美标准。青少年的认知特点已经具备了独立思考和辩证思考的能力，但对问题的看法常常是只顾部分而忽视整体；只顾现象而忽视本质；考虑问题容易片面化和表面化。因此，受消费文化和大众媒介的影响，其反复暗示的商业化的审美标准或明星、偶像的外形特征很容易会被青少年群体不假思索地接受和认同，并跟风效仿，甚至出现伤害身体的行为。所以，家长、教师们要倡导多元良性的审美标准，让青少年认识到外貌和身材并不是以单一的美丑胖瘦标准来划分的，身体美的标准要回归到良好的身体素质和健康的体魄；要引导青少年认识到"腹有诗书气自华"，避免过度强调外貌和身材的审美，通过内在能力的提升建立强大的自信，整体地评价自己，欣赏自己的特色和特点，客观地看待他人的评价，达到自我认知的同一性。

最后，家校联动关注青少年身心健康。青少年时期容易出现逆反心理，不愿意听取家长和老师说教式的建议而是更倾向自己的价值判断，这便导致部分青少年盲目相信错误的、不符合年龄发展要求的身体观和审美观。因此，家长和老师应该身体力行，为青少年树立多元审美观和健康生活方式的榜样，以实际行动去影响青少年。同时，爱美之心人皆有之，家长和老师不应该只把成绩放在首位而忽视了青少年的身心健康，应该肯定青少年对美的追求，有针对性地帮助青少年消除该负性情绪，潜移默化给青少年以平衡膳食、体育锻炼塑身、合适的衣着和发型搭配、心理调适等相关知识和技能的传授和指导，使其以更青春、更具活力的姿态去热爱生活、拥抱生活。

40. 青少年早恋怎么办？

《中国家庭发展报告》提到，中国青少年初次性行为的年龄不足 16 岁，近 2/3 有性行为的青少年不了解避孕知识，这就导致了性活跃的青少年群体成为不安全性行为、未婚少女意外妊娠、艾滋病及性病蔓延等问题的重灾区，严重威胁着青少年的生殖健康。

可能有家长和老师疑惑，与未成年人谈论性教育是否会让孩子们接受不良信息或导致负面影响？这种担心是多虑的。国外研究发现，受过系统性教育大大推迟了青少年初次性行为时间，同时也有助于他们在性行为过程中使用保护措施。

性教育有四种渠道，即家庭性教育、学校性教育、同伴性教育、社会性教育。中国家庭的普遍情况是父母与子女"避而不谈"性教育。北京市妇联的一个家庭性教育调查显示，74% 的家长会回避和孩子谈性。中国教科院也有类似调查，结果有近 50% 的家长从未和孩子提到过性教育的任何内容。

家长依赖学校老师进行性教育，而学校升学压力大，师范院校并没有性教育课程，自然没有老师教授这门课程。孩子接收到的性教育以同学们的交流为主，其信息来源以网络为主。学校性教育的缺失、家庭性教育的空白，导致孩子们躲着家长去黄色网站寻求困惑的解决方案。

女孩身体的变化明显早于男孩，是处于探索性行为、建立性关系的重要时期，即由于性意识的觉醒，开始关注异性，又经常分不清与异性交往的界线，而在性失误和性犯罪中女性又往往是受害者；同时，青少年时期更是培养正确性知识、态度与行为的关键时期，家长和老师需要格外关注青春期女孩子的性教育，应充分利用现代网络进行

青少年性与生殖健康科普知识的宣传和教育。

性教育有一个非常重要的原则，那就是适度、渐进；问多少，答多少；对于超越孩子认知水平的内容，不用急着提前教。

家庭是青少年社会化的第一课堂，父母给孩子做性教育，最困难的就是难以开口，战胜不了自己的羞耻感，同时家长本身的知识也是匮乏的，所以父母们要先学习青春期性教育知识和技能培训，让父母在孩子进入青春期发育之前了解相关知识和技能，给孩子及时有效的辅导和帮助。

家长为孩子进行性教育从读绘本开始。例如，两三岁的孩子问"我是从哪里来的"，可以告诉他（她）："你是从妈妈肚子里生出来的。"如果孩子继续追问，就告诉他（她）："你是从妈妈的阴道口生出来的"。

国内外相关研究证实，性教育应从儿童抓起，不能等到孩子上中学后再进行。对青少年甚至儿童开展早期性教育，可以帮助青少年对性有正确的认识，知道如何保护自己，避免因一时冲动或性无知而造成终身遗憾。

9—12 岁的孩子，会经历青春期的身体、心理变化，自慰、性幻想不再是个别现象，他们开始学习恋爱关系的处理。父母要帮孩子了解身心的变化、知道怎么和异性相处、清楚法律的界限、知道如何获得正确的性知识。

12 岁以上的孩子，他们对性的探索增加，自慰更寻常，开始表现出对色情信息的兴趣。父母要侧重于性关系的教育，对女孩子要教育避免单独与异性独处一室，对不是家人的异性发生身体接触时勇于反抗；对男孩子教育，在没有真正长大成人之前，不和别人发生性行为。

学校可以与妇女保健专业机构联合开展青春期教育。青春期这一年龄段绝大多数是在校学习，学校的性健康教育不能满足青少年对性知识的需求，调查显示约 70% 的女生是通过网络获得性知识，了解得一知半解且缺乏对性道德的正确引导，造成学生既没有正确的性知识、性观念，也就出现发生性行为、早孕、堕胎等问题。现阶段学校从事性教育的人才匮乏，学校可以借助市级妇幼保健机构的技术力量，开展校园的青春期门诊，妇女保健工作者有能力承担这项任务；而妇女保健工作者参与学校青春期女生性健康教育也符合需求，教育方法是可行的，并且中学女生对妇女保健工作者从事性健康教育工作有较高的信任度，因此基于中学生对妇女保健工作者开展性教育工作寄予很高的期望，作为学校性教育的补充，妇女保健工作者参与学校青春期女生性健康教育是必要的。妇女保健工作者为女生们答疑解惑，解决女生实际问题，不仅要加强预防艾滋病等性病知识的宣传，还要加强避孕知识的教育，帮助青春期女生克服成长的烦恼，提升青春的质量。

41. 青少年偶像崇拜的原因是什么，如何引导？

偶像崇拜是青少年群体中普遍存在的一种社会现象，是青少年精神生活的重要内容。从个体发展来看，青少年偶像崇拜被心理学家称之为"次级情感依赖"，从心理学的角度来说，青少年偶像崇拜主要有以下三方面的原因。

(1) 偶像崇拜与自我意识：Erikson 在《儿童期与社会》一书"心理社会发展理论"中指出，青少年偶像崇拜是青少年在青春期走出角色冲突，寻找"自我同一性"的过程。"自我同一性"又称自我认同，是指个体对于"我是谁？""我从哪里来？""我要到哪里去？""我如何适应社会？"等问题的主观感受和思考。儿童在进入青春期后，原有的自我同一性遭到破坏，出现自我分裂和角色混乱冲突危机。Erikson 认为，个体从出生就开始追寻自我同一性，在青春期，青少年对同一性的追寻最为强烈和深刻。此时，青少年急需一个看得见、摸得着的活生生形象作为自我代表，而偶像就是其完美的代表，是崇拜者的理想自我，也是崇拜者心目中的未来。

(2) 偶像崇拜是青少年心目中父母的替代品：青少年在生理上有了突飞猛进的发展，但心理上的发展却远远滞后。由于生理上的发展，他们认为自己已经长大了，希望能够独当一面，渴望摆脱父母的控制，摆脱对父母稳定而牢固的情感依附。然而，有限的生活经验又使他们不能没有父母的帮助，这种矛盾状况使他们感到很苦恼。因此，他们选择崇拜拥有能力、地位和独立的偶像，希望通过偶像崇拜来实现独立自主的目的。某种意义上，这不过是将偶像作为父母的代替品，让偶像来行使父母对自己的控制。

(3) 偶像崇拜是青少年融入自己团体的一种手段：青少年有着寻找群体认同和被疏远的危机，需要归属于一定的群体，不然会形成疏离感。通过崇拜共同的偶像，青少年可以结识新的朋友，与身边的人拥有共同的话题，从而得到团体的接纳，满足自己的归属感。

偶像崇拜蕴含着许多积极的因素，青少年可以借此释放压力、愉悦心灵，或者寻找精神支柱，获得认同感和归属感。但是，由于青少年身心发展的不成熟性，部分青少年可能会在认知、情感、意志和行为方面出现一些问题。因此，这就需要我们采取以下贴近青少年心理特征的策略，对青少年偶像崇拜行为进行积极、合理、科学引导，帮助他们形成正确的人生观、价值观。

家长和学校可以从 4 个方面引导孩子树立正确的偶像崇拜观。

(1) 立德树人，发挥学校主渠道作用：学校是教书育人的重要场所，教育在本质上是一种价值导向的工作，学校需要及时了解青少年的所思所想，重视青少年的偶像崇拜现象，从而引导青少年正确对待偶像崇拜。一方面，教师要帮助青少年理性认识偶像崇拜现象，帮助他们树立正确的理想目标和世界观；同时，还要多和青少年交流、切磋，主动了解学生近况，做到具体问题具体分析，切实解决青少年偶像崇拜过程中遇到的困惑、疑虑。另一方面，要充分发挥偶像崇拜的积极作用，在教育青少年理性对待这一现象的同时，使其欣赏和学习偶像身上的闪光点，正确认识自己的价值和优势，不仅要把对偶像的热爱停留在愉悦身心的情感阶段，更要在实践中发现和学习偶像身上的优秀品质，使思想政治教育入耳、入心、入脑，切切实实地帮助青少年扣好人生的"第一粒扣子"。

(2) 注重家庭教育的引导，构建和谐家庭氛围：家庭是青少年成长的基础环境，父母的观念和态度对青少年的影响最直接、最深远。来自家庭成员的鼓励和支持引导是青少年成长背后重要的支撑力量。一方面，家长要关注和了解青少年的心理发展历程，与青少年保持稳定、良好的情感沟通，在充分理解、尊重孩子对偶像人物产生关注的基础上与孩子来一场"心灵对话"，倾听孩子对偶像看法的同时可以与之交流自己青春期崇拜偶像的经历，拉近与孩子之间的距离感。另一方面，家长要理性地帮助青少年分析偶像的优点和不足，引导他们不光要看到偶像光鲜亮丽的外表，还要看到他们背后的努力，化崇拜为动力，减少其不好的影响，增强其积极的作用。同时，家长也可以以偶像为范例，引导孩子发现自己的优点和个性，督促其在学习和生活中不断拼搏，积极进取，在不断肯定自己、认同自己的基础上发展自己。

(3) 担当责任，营造良好社会环境：社会是青少年成长的重要场所，要为青少年营造良好的发展环境。一是要与时代相结合，根据青少年的心理需求和发展特点，为青少年塑造和挖掘具有时代精神的榜样人物，激发青少年想要学习和模仿的兴趣，使其成为青少年自觉认同的偶像，成为青少年学习的榜样，引导青少年树立正确的价值观。二是要打造客观公正的传媒形象，在全社会形成积极向上的风气，帮助青少年树立起正确的价值观和世界观。三是在加强文化市场的管理与建设方面，要与法律规范相结合，充分运用法治思维和法制方式，为青少年偶像崇拜营造良好的氛围。

(4) 修身慎行，提高青少年自我修养："人需要对自身有所意识，才能成为教育的对象"。青少年在成长过程中必须不断认识自己、关注自己，不断接受学校、家庭和社会的教育，通过"外化"实现"内化"，形成自身的理想信念和行为规范。青少年在崇拜偶像的过程中，要保持头脑清醒，理智追星，发挥自身的主动性和创造性，避免在随波逐流中迷失自我，同时也要以优秀的偶像为榜样，有所取舍地学习偶像身上的优秀品质，把对偶像感性的喜爱提升到理性水平，在人格上独立自主，学好科学文化知识，提高修养。

42. 什么是校园欺凌？

2019年联合国教科文组织的报告中提到，全球范围内11—15岁学生中32%的学生在近一个月内至少被同龄人欺负过一次。在欧洲和北美，心理欺凌是最常见的欺凌类型，而在所有其他地区，身体欺凌是最常见的欺凌类型。近年来，我国校园欺凌事件也时有发生，威胁着校园安全和教学活动的有序进行，并逐渐呈现出低龄化、暴力程度升级、团伙作案等特点，给青少年的成长带来严重的身心伤害。根据2019—2020年华中师范大学教育治理现代化课题组在全国六省校园欺凌现状问题实地调研结果显示，校园欺凌发生率为32.4%，关系欺凌发生率为10.5%，语言欺凌发生率为17.4%，身体欺凌发生率为12.7%，网络欺凌发生率6.8%。2020年，我国先后修订通过了《中华人民共和国未成年人保护法》和《中华人民共和国预防未成年人犯罪法》，均对预防校园欺凌问题作出了明确规定，对未成年人保护和预防犯罪提出了更高要求。

那什么是校园欺凌呢？我们应该如何判断是否受到了校园欺凌呢？根据2017年联合国教科文组织《校园暴力与欺凌：全球现状报告》定义，校园欺凌是发生在校园内外、以学生为参与主体的一种攻击性行为。这种行为往往伴随着实际或认识到的权力不平衡，会在一段时间内反复发生或有反复发生的可能性。校园欺凌并不等同于校园暴力，它是最常见的一种校园暴力。校园欺凌的受害者是在校学生，其行为人不包括校外人员；校园暴力则可能发生在学生、师生、校内与校外人员之间。通常把校园欺凌分为直接欺凌和间接欺凌。

(1) 直接欺凌是指采用公然、明显的方式进行欺凌。直接身体欺凌包括打、踢、抓咬、推搡、勒索、抢夺和破坏物品等身体动作行为；直接言语欺凌包括辱骂、讥讽、嘲弄、挖苦、起外号等言语行为。

(2) 间接欺凌是指以较不易被发现的方式进行欺凌，通常借助第三方进行欺凌，包括关系欺凌、网络欺凌等类型。关系欺凌包括传播谣言、社会孤立等，如故意不让某人加入午餐饭桌、游戏、运动等；网络欺凌包括歧视性的短信和电子邮件等，如有人发帖说："某人就是同性恋，怎么还有人和他玩？"

在《中华人民共和国未成年人保护法》中还提到了"学生欺凌"，所谓学生欺凌就是指发生在学生之间，一方蓄意或者恶意通过肢体、语言及网络等手段实施欺压、侮辱，造成另一方人身伤害、财产损失或者精神损害的行为。学生欺凌属于校园欺凌的一种，但是不涉及学校的教职员工。

在现实生活中，不少学校欺凌案件因达不到违法犯罪程度而无法进入司法程序，更多受欺凌的学生选择了沉默和忍受。校园欺凌行为影响深远、危害极大，不仅给被欺凌者造成巨大的精神伤害和痛苦，也会给欺凌者和围观者造成难以磨灭的心理伤害，对于青少年们的自信心和安全构成了一种持续的威胁，并且会对孩子们的心理健康产生持续的影响。受欺凌者被欺凌后自伤、自残，甚至自杀的情况时有发生。欺凌者年少时的欺凌行为可能为成年后的暴力犯罪埋下伏笔。

因此，《中华人民共和国未成年人保护法》第三十九条明确了如何防治校园学生欺凌，为做好校园欺凌防控工作提供了很好的指引。例如，建立防控机制，对教师、学生进行防控校园欺凌的教育和培训，加强家庭教育指导，联合社会力量共同做好防治校园欺凌工作等，从全社会多角度来关注并防治校园欺凌事件的发生，为青少年构建更加安全、和谐的校园环境。

43. 如何帮助青少年识别不安全的社交？

社交就是社会交往的简称，在社会学中称为互动，是指在社会生活中人与人、群体与群体通过接近、接触或手势、语言等信息传播而发生的相互依赖性行为过程。它包括两方面的含义：一是指人与人的信息沟通和物质交换；二是指人与人的情感联系，即人际关系。

青少年是长身体、学知识、生理和心理迅速发展的关键时期。社会交往对青少年的社会性发展、个性和行为习惯的养成，甚至人生观、世界观的形成都有很大影响。但是，由于心理不成熟，社会经验缺乏，在交往进程中往往容易产生多种心理问题。因此，家长和老师必须给予辅导帮助。例如，帮助青少年正确树立交往观念，摆脱功利主义和"义气"用事等不正确观念；指导青少年选择适宜的交往对象；协助青少年妥善处理交往关系，包括同学关系、师生关系、亲子关系和同龄异性间的关系；指导青少年必要的交往技巧，从而提高青少年的社交能力。

青少年随着自我意识的发展，日益独立。大部分青少年热衷于同伴交往、不排斥认识陌生人，喜欢使用QQ、微博、微信等新媒体与同伴或陌生人交往，这使得青少年的社交中可能存在着安全隐患及不安全的社交行为。家长或老师可以帮助青少年识别社交活动中可能存在的风险，从以下四个方面告知青少年做好安全防护。

(1) 社交场合方面，包括家庭、学校、社会活动场所、外出活动场所等。家长或学校要告知青少年：①外出应了解环境，尽量在安全路线行走，避开荒僻和陌生的地方；②外出应结伴而行，避免穿过分暴露的衣服去人多拥挤或僻静的地方，切忌轻浮张扬；③注意周围动静，不与陌生人搭腔，遇到纠缠尽快向大庭广众靠近，必要时可呼叫；④随时与家长联系，未得许可，不可在别人家夜宿；⑤独自在家，注意关门，拒绝陌生可疑人进屋。

(2) 社交的对象方面，包括老师、同性同学（朋友）、异性同学（朋友）等。家长或学校要告知青少年：①不要轻易接受异性的邀请与馈赠；对有性骚扰企图的人，明确而坚定拒绝；②不喝陌生人给的饮料或食品，谨防麻醉药物；③与异性公开交往，避免个别长时间接触；④与异性相处时，对不想要的行为要直截了当拒绝；⑤对于过于殷勤的熟人，如长辈、老师、朋友等，要提高警觉性；⑥网上交友要注意安全，与网友会面要极其慎重，并采取防护措施。

(3) 情景方面，包括有什么活动安排、情况等。家长或学校要让青少年：①熟悉了解社会上的常见诈骗手段（虚假广告、街头骗局、电信骗局、网络骗局），不轻信、不透露、不转账并及时举报；②遇到危险情况及时求助，记住110报警电话、120救护电话、119火警电话等；③学会用法律保护自己。

(4) 危险物方面，包括烟、酒、毒品、色情图像和物品等。家长或学校要让青少年学会拒绝陌生人提供的色情影视录像和书刊图片，预防其图谋不轨；同时，青少年要做到不吸烟、聚餐不饮酒、不尝试吸食毒品。

44. 如何为青少年提供心理咨询？

青少年正处于一生中心理成长的关键时期，又是智力发展、世界观形成和信念确立的重要时期。在此阶段身体的增长速度很快，生理、心理的发展变化也非常明显，而且个体差异较大，会面临不同的问题和困惑，甚至会产生某些心理问题和心理障碍。因此，需要专业技术人员及时为青少年提供心理咨询与帮助，共同讨论找出引起心理问题的原因，分析问题的症结，寻求解决问题的对策，以便使青少年能提高对各种环境条件的适应能力、身心健康、快乐成长。那么该如何为青少年提供心理咨询呢？

(1) 要遵循心理咨询原则：一是同感来访者。就是要设法站到来访青少年的视角，用来访青少年的眼光看其所看到的世界。努力感受来访青少年所感受的，也就是要达到设身处地、将心比心的境界。一旦来访青少年感觉到自己的痛苦被共情、被理解，其负性情绪就会出现一些释然的表现。二是接纳来访者。完全地接纳每一个来访青少年，也就是要更好地同感来访青少年，这是心理咨询的前提条件。真正同感、理解来访青少年，才能达到帮助青少年的目的。三是帮助来访者自助。帮助来访青少年是为了让来访青少年更好地帮助自己。不是提供怎么做的具体方法，而是提供能够帮助来访青少年自己最终找到解决问题的各项前提条件，如通过同感、理解、解释、启发性提问等技术，让来访青少年自己找到最适合自身情况的解决人际心理问题的具体方法；或者适当介绍一些咨询心理学的理论与方法，让他们自己找到解决问题的方法，能够自己帮助自己，甚至帮助身边的人。四是为来访者保密。就是遵守保密性原则，对来访青少年的个人资料、谈话内容等予以保密。这是良好咨询关系建立的基本条件，是来访青少年敞开心扉接受咨询的基础，也体现了对来访青少年的隐私权的尊重与保护。五是价值中立原则。在咨询过程中保持一种客观中立的态度，不对来访青少年思想行为作出好坏的评判，不把外在价值观和价值标准强加给来访青少年，而由青少年自己做出价值判断和价值选择，并最终由自己解决问题。价值中立原则是人本主义心理学家罗杰斯提出的一条重要心理咨询原则。

(2) 具体心理咨询的步骤：一是建立关系，是指心理咨询师与来访青少年的关系。能否建立合适的咨访关系，关键在于咨询师怎么说和问，还要注意形体细节。国际心理学界流传比较广的"SOLER"五项要求包括：①直面来访者；②开放的身姿；③适当前倾；④保持良好的目光接触；⑤自然放松。二是探讨问题。心理咨询师比较重要的任务是通过倾听、建立良好的关系、消除顾虑等方法帮助来访青少年找到源问题，也就是导致其他问题的问题，这个问题往往就是来访青少年面临的根本问题，然后一起探讨解决问题的办法。三是确定目标，就是把青少年的困扰分解成多个可以逐步加以解决的具体目标；还要注意整个咨询目标、阶段目标和每一次咨询目标的区别和联系，先聚焦在来访青少年急着要谈的问题，而后是解决问题。心理咨询师整合使用各种理论和方法，使来访青少年看清自己，激发并运用自身的资源，克服自己的认知、情感或行为问题，解决问题，实现个人成长。四是延续性结束。一旦来访青少年的问题基本解决，咨询师就要提出结束咨访关系，给予来访青少年一些积极的反馈，嘱咐其如果以后有什么心理问题，欢迎随时再来预约咨询；还可以给家长做一个积极反馈，如青少年咨询过程的进步与成长，今后家庭如何给青少年进行教育的建议等。

(3) 心理咨询的技术：一是全心倾听。在心理咨询的过程中，善于倾听是专业要求和习惯。善于倾听就有助于来访青少年比较尽兴地表达自己，表达自己遇到的各种事情，表达自己的想法，表达自己的感受，然后在心理咨询师的"陪伴"下，能够对自己有新的认识、新的感悟。二是明锐观察。在倾听过程中，为了判断倾听的准确性，咨询师还要注意观察，一个人表达自己的时候，不仅仅使用言语，同时还有语调、脸部表情和肢体形状与动作等。三是巧妙提问。尽量不连用封闭性提问，尽量不用为什么的开放性提问，善于运用积极暗示的语言提问，善于比较性提问，根据不同需要采用不同类型的提问。四是解除阻抗。

在咨询过程中，来访青少年不愿意涉及某一人物、事件、时间或地点等，因为这些会引起来访青少年痛苦，这时表现出的种种现象就是阻抗。一般心理咨询师处理阻抗的方法包括和谐关系、评估阻抗、处理阻抗和记录阻抗。五是深层解释。解释是心理咨询过程的重要组成部分，是剖析、解析或深层分析，是要引导来访者从一个全新的角度审视自己的想法、行为、情感和意愿的过程。其目的是帮助来访者从导致当前问题的原有的不健康的思维模式中脱离出来。六是行动建议，是指用来帮助来访者寻找并确定最适合自己的行动方案。不是咨询师给来访者什么建议，而是咨询师陪伴来访者，由来访者自己找到最适合自己的建议的过程。

营养运动篇

45. 青少年营养现状如何?

强健的身体是青少年在未来激烈的社会竞争中立足的根本,有良好的健康的身体才有美好的人生和未来。2021年 WHO 在《为青少年更健康的未来而努力》(*Working for A Brighter, Healthier Future*)一书中提出青少年健康的五个方面(图3),其中以良好的健康与最佳营养为核心,可见青少年营养的重要性。全球大多数国家从儿童青少年到成人营养状况均与 2025 年 WHO 营养目标差距很远,常见的营养问题如贫血、超重等。良好的营养状况能降低高血压、

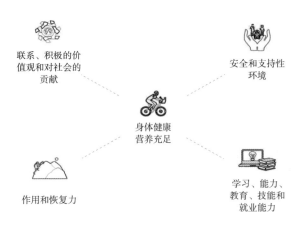

联系、积极的价值观和对社会的贡献

安全和支持性环境

身体健康营养充足

作用和恢复力

学习、能力、教育、技能和就业能力

图 3　青少年健康的五个方面

糖尿病等慢性疾病的风险。

　　1985 年，当时的国家教委、体委、卫生部等多部门联合开展了全国性的中国学生体质健康调研，并把其作为一项制度坚持下来，每 5 年公布一次调研结果。多年的调研结果反映中国青少年体质的一些重要指标一度呈现下滑趋势。尤其是近年来随着生活水平提高，青少年的营养结构并不均衡，令人揪心的是，"小胖墩"（肥胖）、"小眼镜"（近视）和"小豆芽"（体态不良）成了威胁青少年身心健康的"三座大山"。

　　"小胖墩"的问题，给青少年成年后罹患心脑血管病、高血压、糖尿病、肝胆疾病等慢性病埋下了"定时炸弹"。

肥胖的青春期女生，多囊卵巢综合征的发病率明显升高，而这一疾病会导致月经紊乱、闭经、排卵异常等。"老年病""妇女病"逐渐低龄化，变成了"少年病"。重度肥胖者走几步路就会胸闷、气喘、膝盖疼，严重影响正常生活。WHO 指出，2016 年超过 3.4 亿名 5—19 岁儿童和青少年超重或肥胖。据中国学生体质健康调研结果显示，与 2005 年相比，2010 年 7—22 岁的城市和乡村学生肥胖的检出率增加了 0.63%～2.76%，超重检出率增加了 1.20%～3.42%。个别经济发达地区小学的肥胖学生甚至占到被测学生的 19.1%。

纤细的"小豆芽"影响身高、体重等发育，免疫功能较差，更容易患传染病，体质健康不佳，还会带来远期危害，未来健康将会堪忧。

近视引起的一系列病理损害无法根治，高度近视严重者可有致盲的风险。2018 年国家卫健委公布的数据显示，全国儿童青少年总体近视率高达 53.6%；其中，6 岁儿童近视率为 14.5%、小学生为 36%、初中生为 71.6%、高中生为 81%。

此外，少女月经来潮，如果铁供给不足可致青春期缺铁性贫血问题。

46. 青少年营养需求有何特点？

青春期是生长发育最快和躯体形态变化最多的时期，在这个时期，青少年的性发育程度、体格生长速度、运动成绩、学习能力及劳动效率等均与营养状况关系密切。这是人类对热能及营养素的不足或缺乏最敏感的阶段，也是对热能和营养素需要最多的阶段。营养是保证青春期生长发育的关键，必须重视合理的营养。

(1) 热能：青少年对能量需要与生长速度成正比。热能供给不足，易发生营养不良、体重低下；而摄入过多又可能引起肥胖等问题。因此，青春期热能供给要适宜。青少年在发育期热能的需要比成年人高25%～30%。青少年期能量需要超过从事轻体力劳动的成人，我国青少年热能供给量女性为每日9600～10 000kJ（2300～2400kcal），而男性为每日10 000～11 700kJ（2400～2800kcal）。热能主要来源于主食中的碳水化合物，故青少年应该增加饭量。

(2) 蛋白质：儿童青少年期体重增加约30kg，其中16%是蛋白质。青春期身体细胞大量繁殖，体内激素、抗体等物质和促进体内代谢的酶的急剧增多，以及性腺的发育、神经兴奋能力的加强都需要蛋白质。因此，青少年发育期间应供给充足、优质的蛋白质，供给量为 80～90g，供热比应为 13%～15%。此外，生长发育的机体对必需氨基酸要求较高，故供给来源于动物和大豆的蛋白质应占 50%，以提供较丰富的必需氨基酸，提高食物蛋白质体内利用率，满足生长发育需要，但注意豆类食品不宜过量。

(3) 矿物质：青春期体格迅速生长发育，紧张学习，各种考试的负荷及体育锻炼，矿物质的补充不容忽视。通常青少年期营养需要稍高于从事轻体力劳动成人。为满足骨骼迅速生长发育需要，青少年期需储备钙约 300mg/d，如以食物钙吸收率为 30% 计算，至少每日需要钙 1000mg，故推荐供给量为 1000～1200mg/d。磷与钙的比例为 2∶1 或 1∶1。青春期不论男女均需要更多的铁以合成大量的肌红蛋白与血红蛋白，同时伴随第二性征的发育，女性青少年月经初潮，铁供给不足可致青春期缺铁性贫血，故女性饮食铁推荐量为 20mg/d，男性 15mg/d。补充锌可促进生长及性成熟，锌推荐供给量为 15mg/d。缺碘常可致甲状腺肿。

(4) 维生素：维生素 A、B、C、D 都是生长发育必不可少的物质。一般来说，青春期维生素 A 摄入水平不高，而维生素 D 供给量在青春期初期仍然维持在学龄儿童的 10μg 需求量，烟酸及维生素 B_1、维生素 B_2 这三种水溶性维生素与热能代谢有关，故在青春期其供给量均随热能供给增长而增加。虽然我国未制定叶酸、维生素 B_6、维生素 B_{12} 的供给量，但应了解青春期对这些维生素的需求是增加的。

(5) 水：足量的水分是青少年生长发育、新陈代谢、代谢物排泄所必需的。青少年体内液体总量要比成人约多 7%。所以，青少年要养成多喝水的习惯。

(6) 脂肪：脂肪产热量要比碳水化合物、蛋白质高出 1 倍。脂肪能促进脂溶性维生素的吸收，供给人体需要的必需脂肪酸。一个人每天所需的脂肪量因体重而异，一般每千克体重需要 1g。

47.青少年如何做到合理膳食，培养良好的饮食习惯？

健康膳食指结合自身及外部环境而选择正确的膳食搭配，通过食物调节及改善自身的新陈代谢，保持身心健康。新的膳食指南推荐：食物多样，谷类为主；动态平衡，健康体重；多吃蔬果、奶类、大豆；适量吃鱼、禽、蛋、瘦肉；少盐少油，控糖限酒。除此以外，还要强调平衡膳食，食物中含有人体所需的各种营养成分，但每种食物的营养成分及其数量差别很大。一般而言，米、面等主食中含糖类较多，蔬菜、瓜果中含各种维生素及无机盐较多，鱼、肉、蛋、牛奶、大豆含蛋白质和脂肪多一些。三餐热量的合理比例是早餐约30%、午餐约40%、晚餐约30%。蛋白质、脂肪、碳水化合物的比例应分别占总热量的13%～15%、20%～25%、55%～60%。

处于青春期的青少年，正是生长发育旺盛的时期，身体内各个器官也逐渐发育成熟，生理、心理方面都发生了一系列的改变，使得其对食物的营养素需求有别于儿童期及成人期。因此，根据青少年的年龄特点，合理安排饮食，保证此时期营养供给的特殊要求，培养良好的饮食习惯应注意两个方面。

(1) 培养正确的膳食习惯：摄入人体所需要的食物，不挑食、偏食。随着青少年身体的不断成长，需增加各种营养素，每日保持合理、平衡的膳食，才可以满足青少年营养要求，促进生长发育。奶类的食物含有丰富的优质蛋白质和钙，坚果含有较多的能量及蛋白质，蔬菜及水果富含多种维生素、膳食纤维及矿物质，合理选择奶类、蔬菜类、坚果类及水果类等新鲜食物有利于青少年的身体健康。减少垃圾食品的摄入，少吃汉堡、薯条、方便面、含糖饮料和一些高盐的腌制类食物。

(2) 养成良好的饮食习惯：在培养青少年良好的饮食习惯中，需要注意养成良好的饮食方式，细嚼慢咽，杜绝暴饮暴食。在快速进餐时，由于食物没有进行充分的咀嚼即进入胃中，食物到达胃部的时间较快，会导致消化液分泌不充分，胃肠蠕动速度减慢，出现胃痛、腹胀等不适。根据运动或学习等需要，在正餐之间可进食适量的零食，但每天不要太频繁，次数不应超过3次；注意临睡前不吃零食、看电视时不吃零食，尽量避免在无意识间食用过量零食。

48. 青少年不吃早餐有啥不好？

青少年正处在生长发育的黄金时期，不仅身体发育需要充足的营养，而且处于紧张的学习过程中还需要消耗大量的热量，学习效率的高低，往往取决于大脑细胞能否获得稳定的血糖供应及其产生的能量。因此，合理的三餐非常重要，其膳食应做到多吃谷类，供给充足的能量；保证鱼、肉、蛋、奶、豆类等优质蛋白和蔬菜的摄入。早餐是一天中最重要的一餐，早餐不仅要吃，而且要吃好，青少年早餐行为影响全天能量和营养素的摄入，影响营养状况和生长发育。早餐所提供的能量应占全天能量的30%，提供的营养素应该达到推荐的每天膳食中营养素供给量的25%，满足这些条件的早餐被称为"营养早餐"，也能满足青少年身体发育和学习所需要的脑力消耗。高质量的早餐应由谷类、奶及奶制品、动物性食物（肉类、蛋）、蔬菜、鲜果（汁）等食物构成，如可选择馒头100~200g、牛奶250ml、鸡蛋1个，再加约70g的蔬菜或果汁。

早餐作为一天中的第一餐，如果不吃，势必会危害健康，会使机体和大脑得不到正常的营养供给，影响身体发育。其妨碍大脑发育主要表现在青少年的反应能力、注意力、短期记忆力等方面。据研究，一般吃高蛋白早餐的青少年在课堂上的最佳思维普遍相对延长；而不吃早餐或早餐过于简单的会由于营养素密度较低，精力下降相对较快。此外，长期不吃早餐，胆汁浓缩，胆固醇积累在胆囊中易形成胆结石，还会引起代谢失调而肥胖等问题。

49.青少年不喜欢吃蔬菜，可以替换成水果吗？

　　无论是蔬菜还是水果，都是平衡膳食中重要营养物质的来源。《中国居民膳食指南（2016）》推荐：餐餐有蔬菜，保证每天摄入 300～500g 蔬菜，其中深色蔬菜量应超过一半；天天吃水果，保证每天摄入 200～350g 新鲜水果，果汁不能代替鲜果。挑选和购买新鲜和应季蔬菜，品种多样，颜色多种，每天至少达到 5 种；腌菜和酱菜不能代替新鲜蔬菜；食用碳水化合物含量高的蔬菜时减少主食量；蔬菜生吃或合理烹调，尽量保护蔬菜的营养成分不被破坏或流失。

　　新鲜蔬菜含有大量的水分，含水量在 90% 以上。虽然其碳水化合物含量不高，但富含维生素、矿物质、膳食纤维和植物化学物，是 β 胡萝卜素、维生素 C、叶酸、钙、镁、钾的良好来源。蔬菜提供热量较少，蛋白质含量少，因此不能作为能量和蛋白质的来源。其所含的膳食纤维素能促进胃肠蠕动，加快粪便的形成与排出，有预防便秘、痔疮等作用。蔬菜品种非常多，所含营养成分也各有不同，如深绿色、红色、橘红色和紫红色等深色蔬菜具有营养优势，尤其富含 β 胡萝卜素，是膳食维生素 A 的主要来源；深色蔬菜还含有更多的植物化学物，十字花科蔬菜也富含植物化学物，具有抗氧化作用、调节免疫力、抗感染、降低胆固醇、延缓衰老等作用。每种蔬菜的营养特点都不一样，应该不断更换品种，摄入不同的营养物质，才能达到均衡营养。

新鲜水果中也含有大量的水分，一般水果含水量在 70%～90%。碳水化合物是水果的主要成分，包括葡萄糖、果糖及蔗糖、淀粉、膳食纤维、果胶和多聚糖等。其还含丰富的维生素、各种矿物质、多种有机酸和其他生物活性物质。不同的水果甜度和营养素含量均不同：红色和黄色水果中胡萝卜素含量较高；枣类、柑橘类和浆果类中维生素 C 含量较高；梨、香蕉、枣、龙眼等的钾含量较高；香蕉、桂圆、荔枝等含糖量高；草莓、柠檬、桃等含糖量低。含糖分多的水果能量较高，对于需要控制饮食能量摄入的最好选择含糖较低的水果。

虽然蔬菜和水果在营养成分方面有部分相似之处，但它们是不同食物种类，其营养价值各有各的特点，不能相互替代。例如，水果中碳水化合物、有机酸和芳香物质比新鲜蔬菜多，有机酸能刺激人体消化腺分泌，增加食欲，有利于食物的消化，且水果直接食用，不用加热，其营养成分不受烹调因素影响，而这些营养素是蔬菜无法完全满足的，故蔬菜也不能代替水果。此外，蔬菜品种远远超过水果，深色蔬菜的维生素、矿物质、膳食纤维和植物化合物的含量高于水果，也是水果无法完全满足的，故水果也不能代替蔬菜。

青少年时期是生长迅速的关键时期，所需要的能量和各种营养素均要比成年人高。家长、学校引导青少年认识了解食物的营养成分，参与选择食物，学习烹饪，享受美食，不偏食，不挑食，养成良好的饮食习惯，坚持餐餐有蔬菜，天天有水果。

50. 青少年肥胖有何危害？

随着经济迅速发展及居民生活方式的改变，我国儿童青少年超重肥胖率迅速增长。《中国居民营养与慢性病状况报告（2020 年）》显示，我国 6—17 岁儿童超重肥胖率已接近 20%，6 岁以下的儿童也达到 10%，能量摄入和能量支出不平衡是导致个体超重肥胖的直接原因。一些研究表明，儿童青少年期肥胖对心血管系统、内分泌系统、呼吸系统、消化系统、骨骼运动系统、心理行为以及认知、智力等带来多方面的危害，包括罹患高血压、血脂异常、2型糖尿病、代谢综合征、睡眠呼吸障碍、非酒精性脂肪肝等风险增加。肥胖给骨骼和肌肉系统造成过大的压力，易导致关节、骨骼及肌肉的损伤，也会造成青少年自信心不足，产生自卑感，甚至发生抑郁、焦虑等心理精神疾病，以及社会适应能力变差等问题。

51. 青少年超重和肥胖如何筛查?

儿童青少年肥胖是指体内脂肪积聚过多，体重超过按身高计算的平均标准体重20%，或者超过按年龄计算的平均标准体重的2个标准差。随着经济迅速发展及居民生活方式的改变，我国儿童青少年肥胖率迅速增长，已成为严重的公共卫生问题。

青少年与成人的超重和肥胖的评价标准不同，但是相衔接。不同的国家标准不同，我国目前建议使用体重指数（BMI）临界点≥24和≥28分别判断成人超重（24≤BMI＜28）和肥胖（BMI≥28）；同时，用与之相对应的按照年龄和性别的BMI临界点诊断儿童青少年的超重和肥胖。

(1) 体重指数：体重指数（body mass index，BMI）= 体重（kg）/［身高（m）］^{2}。其中，身高用身高坐高计（国家体委科研所研制）测量，单位为 m，数值精确到 0.01m，体重单位为 kg，数值精确到 0.1kg。儿童青少年与成人超重和肥胖的评价标准不同，但又与成人评价标准相衔接。生理状态下，BMI 值随着生长发育而变化。因此，儿童青少年肥胖的评价需要制订不同年龄、性别的 BMI 判断临界点，具体有以下两种标准。

① 中国肥胖问题工作组（WGOC）标准——中国儿童青少年肥胖标准：通过国家标准认证并广泛使用，详见表 2。

表 2　中国学龄儿童青少年超重和肥胖筛查体重指数（BMI）值分类标准（kg/m^2）

年龄（岁）	男　生		女　生	
	超　重	肥　胖	超　重	肥　胖
7	17.4	19.2	17.2	18.9
8	18.1	20.3	18.1	19.9
9	18.9	21.4	19.0	21.0

（续表）

年龄（岁）	男 生		女 生	
	超 重	肥 胖	超 重	肥 胖
10	19.6	22.5	20.0	22.1
11	20.3	23.6	21.1	23.3
12	21.0	24.7	21.9	24.5
13	21.9	25.7	22.6	25.6
14	22.6	26.4	23.0	26.3
15	23.1	26.9	23.4	26.9
16	23.5	27.4	23.7	27.4
17	23.8	27.8	23.8	27.7
18	24.0	28.0	24.0	28.0

② 学龄儿童青少年超重与肥胖筛查标准（WS/T 586—2018）：由国家卫健委于 2018 年 2 月 23 日发布，自 2018 年 8 月 1 日起实施，详见表 3。

(2) 腰围：腰围测量方法简单，绕肚脐测量一周的距离，数值单位为 cm，是间接测量腹部脂肪和评价腹型肥胖的指标。我国学者通过对学龄儿童青少年（7—18 岁）腰围临界点的研究，提出将不同性别、年龄别儿童青少年腰

表3 6—18 岁学龄儿童青少年性别年龄别体重指数（BMI）筛查超重与肥胖界值（kg/m²）

年龄（岁）	男 生		女 生	
	超 重	肥 胖	超 重	肥 胖
6.0—	16.4	17.7	16.2	17.5
6.5—	16.7	18.1	16.5	18.0
7.0—	17.0	18.7	16.8	18.5
7.5—	17.4	19.2	17.2	19.0
8.0—	17.8	19.7	17.6	19.4
8.5—	18.1	20.3	18.1	19.9
9.0—	18.5	20.8	18.5	20.4
9.5—	18.9	21.4	19.0	21.0
10.0—	19.2	21.9	19.5	21.5
10.5—	19.6	22.5	20.0	22.1
11.0—	19.9	23.0	20.5	22.7
11.5—	20.3	23.6	21.1	23.3
12.0—	20.7	24.1	21.5	23.9
12.5—	21.0	24.7	21.9	24.5
13.0—	21.4	25.2	22.2	25.0
13.5—	21.9	25.7	22.6	25.6
14.0—	22.3	26.1	22.8	25.9
14.5—	22.6	26.4	23.0	26.3

（续表）

年龄（岁）	男　生		女　生	
	超　重	肥　胖	超　重	肥　胖
15.0—	22.9	26.6	23.2	26.6
15.5—	23.1	26.9	23.4	26.9
16.0—	23.3	27.1	23.6	27.1
16.5—	23.5	27.4	23.7	27.4
17.0—	23.7	27.6	23.8	27.6
17.5—	23.8	27.8	23.9	27.8
18.0—	24.0	28.0	24.0	28.0

围的第 75 百分位数（P_{75}）和第 90 百分位数（P_{90}）分别作为预测儿童青少年心血管疾病危险开始增加和明显增加的临界点，建议将 P_{75} 作为中心性肥胖的预警临界点，将 P_{90} 作为中心性肥胖的诊断临界点。此腰围判定标准是基于大数据产生，应用百分位曲线确定中心性肥胖的腰围临界点，基本上属于一个"统计学标准"，详见表 4。

(3) 腰围身高比值：腰围身高比值（waist-to-height ratio，WHtR）与腰围一样，也是间接测量腹部脂肪和评价腹型肥胖的有效指标。由于身高是儿童常规测量的体格发育指标，操作简单、可靠、成本低，依从性好。中国儿童

表 4　学龄儿童青少年性别年龄别腰围 P₇₅ 和 P₉₀ 对应值（cm）

年龄（岁）	男		女	
	P_{75}	P_{90}	P_{75}	P_{90}
7	58.4	63.6	55.8	60.2
8	60.8	66.8	57.6	62.5
9	63.4	70.0	59.8	65.1
10	65.9	73.1	62.2	67.8
11	68.1	75.6	64.6	70.4
12	69.8	77.4	66.8	72.6
13	71.3	78.6	68.5	74.0
14	72.6	79.6	69.6	74.9
15	73.8	80.5	70.4	75.5
16	74.8	81.3	70.9	75.8
17	75.7	82.1	71.2	76.0
18	76.8	83.0	71.3	76.1

青少年（3—18 岁）WHtR 标准，即 WHtR 为 0.46 作为判定腹型肥胖的预警临界点（相当于 BMI 指标的"超重"临界点），0.48 为腹型肥胖临界点，0.50 为严重腹型肥胖的临界点。

(4) 体脂百分比：体脂百分比（fat mass percentage，

FMP）为人体脂肪组织重量占体重的百分比，是判断肥胖的直接测量指标，也是肥胖诊断的"金标准"。推荐将FMP指标作为BMI判定肥胖的补充指标，对容易漏诊（多脂型体重正常）和误诊（肌肉型超重）的个体，进一步采用FMP判定体脂肪量，更加精准对儿童肥胖的判定。

直接测量体脂肪量的技术方法很多，但是目前我国尚缺乏具有循证依据的标准，现实工作中采用BIA技术测量FMP已很普遍，筛查对照见表5。

表5　依据体脂肪含量判定儿童青少年肥胖程度

性　别	年龄（岁）	体脂百分比		
		轻度肥胖	中度肥胖	重度肥胖
男	6—18	20%	25%	30%
女	6—14	25%	30%	35%
	15—18	30%	35%	40%

52. 不吃主食就可以减肥了吗？

肥胖已经成为影响青少年健康的一大问题。因此，减肥也成了许多超重或肥胖者所面临的问题。目前，社会上充斥着各式各样的减肥方法，其中一种以不吃主食为主的减肥方法十分流行，甚至还得到各路明星们的追捧，毕竟一个月速瘦 5kg 左右，不需要运动，还能不饿肚子不限制吃肉，这是什么样美事，哪能不心动呢，那么不吃主食究竟是否能够减肥呢？

首先，什么是主食？在我国，主食一般以谷类为主，不仅含有丰富的碳水化合物（占重量的 75%～80%），而且还含有蛋白质、脂肪、矿物质、B 族维生素和膳食纤维。谷类为主的膳食模式，不仅可以提供充足的能量，还能减少动物性食物和脂肪的摄入，降低糖尿病、心血管疾病的风险。

其次，肥胖和超重不是吃主食引起的，其根本原因是热量摄入与消耗的能量不平衡，也就是能量过剩。这与我们现在的生活方式密切相关，如富含脂肪和糖的高能量食品摄入持续增加；工作性质、交通方式的变化及城市化的加剧，导致体力活动的缺乏等。

再来看看关于不吃主食的减肥方法的由来。早在 20 世纪 20 年代出现一种以低碳水化合物、相对增加蛋白质和脂肪的饮食（生酮饮食），其最初是用于治疗儿童难治性癫痫。这种饮食方式后被用来减肥，其机制是当摄入的碳水化合物极少时，将迫使机体分解储存在肌肉和肝脏的糖原去供应能量，糖原被耗尽后则被迫转而调用脂肪进行代谢分解，产生酮体，为机体提供能量，这样一来就将主要的能源代谢物从葡萄糖供能转化为脂肪供能，从而消耗了脂肪。加之在此过程中会伴有一定程度的利尿效果，糖原消耗也会减少身体中的水分储备，短期内的确可以达到体重下降的效果。然而，我们要知道肥胖真正的罪魁祸首是摄入的能量过多，不吃主食或许会让你的体重降下来。但是，这种饮食方式可能会导致身体缺乏碳水化合物，脂肪的完整代谢受阻，产生酮体，肌肉流失严重，微量营养素缺乏。此外，还容易使人感觉疲劳、注意力不集中、头晕、心悸、焦虑易怒、便秘和月经失调，即便是已经减掉的体重也容易反弹，并增加多种疾病风险，造成严重的健康问题。

最后，想要健康减肥，不仅要吃主食，更要正确吃主食。应该做到粗细搭配，多吃全谷物和杂豆（如赤豆、绿豆、豌豆等），不能只吃白米、白面、白馒头等精细谷物，可以将谷物融于一日三餐中，例如在白米中放一些炒米、黑米、薏米等；主食要多样化，红薯、山芋、魔芋、土豆等薯类以及玉米也可以作为主食；烹饪时不宜加入碱，以免破坏 B 族维生素；油饼、油条、炸薯条、炸馒头等油炸类的主食要尽量少吃。淘米时不要过度淘洗，以免造成维生素的流失。总之，吃好主食，吃对主食，才能正确开启减肥模式。

53. 青少年过度节食有哪些危害?

青春期正处于生长发育的旺盛时期，对各种营养的需求量远远高于成人，因此营养问题显得更为重要。有些青春期女生为了追求身材苗条，就刻意节食来控制体重，这是不科学的。节食会造成极大的危害，主要表现在以下几方面。

(1) 热能不足：青春期人体代谢旺盛，每日所需要的热能一般不能少于 9600kJ，节食会导致人体所需要的热能达不到这一标准，会影响日常的学习和生活。

(2) 蛋白质不足：节食导致蛋白质的摄入不足而使生长发育迟缓、抵抗力下降，各种疾病就会乘虚而入。

(3) 营养不良：节食使身体所需的各种营养素缺乏导致营养不良，尤其是造成缺铁性贫血，甚至影响脑细胞的发育等问题。营养不良还可以引起多种维生素缺乏症，如脚气病、坏血病、夜盲症和骨代谢异常等。长期营养不良还会造成全身各器官衰竭，甚至死亡。

正常情况下人体内应储存一定的脂肪，这对调节女性的生育功能起着不可忽视的作用。一般来说，如果身体内的脂肪丧失正常的1/3时，就会导致全身性激素调节功能障碍。

因此，平衡膳食对青少年成长至关重要，多吃谷类，供给充足的能量；保证足量的鱼、禽、蛋、奶、豆类和新鲜蔬菜水果的摄入，同时还要鼓励参加体育运动和户外活动，避免盲目节食，合理控制饮食，少吃高能量的食物如肥肉、糖果和油炸食品等，使能量消耗高于能量摄入，从而可避免体重超重或肥胖，也就不需要通过节食来控制体重了。

54. 青少年贫血如何预防？

一些青少年总是感到容易犯困、头晕，学习累，家长常认为这是孩子学习压力大造成的，其实还应警惕是不是贫血所致。

一般情况下，我们会认为贫血多见于女性及中老年人群，青少年很少会发生贫血，其实这是一种错误的认识，青少年在贫血人群中占很大比例。青少年贫血最常见的是缺铁性贫血（iron deficient anemia，IDA），占到我国儿童青少年贫血原因的 90% 以上，也一直是中小学生"六病防治"工作的重点。这是由于铁摄入量不足、吸收量减少、需要量增加、利用障碍或丢失过多等原因，引起人体储存铁缺乏，导致血红蛋白合成量减少而发生的一种贫血。10—19岁的青少年正处于儿童和成人的重要过渡期，处于快速生长、发育的阶段，身体功能、形态及生殖系统等也开始逐渐变化和成熟。由于处在快速生长期，其对微量和常量营养素的需求也较高，如不能及时补充足够的营养、增加饮食铁摄入，再加上一些青少年有挑食的习惯或为了身材进行节食，都会导致发生能量平衡失调或营养缺乏的概率增加，从而导致贫血的发生。在我国南方地区，如广东、广西、湖南、四川、浙江、福建等省，还应警惕地中海贫血的发生。

青春期男生、女生都有发生贫血的风险，在 2010 年的全国学生体质与健康调查结果显示，12 岁年龄组男生缺铁性贫血的检出率为 10.64%，女生缺铁性贫血的检出率为 13.82%。青春期女生下丘脑－垂体－卵巢轴功能没发育成熟，加之精神过度紧张、刺激、劳累和肥胖等原因，可能会出现青春期功血，由于月经时间长、月经量多，从而造成贫血的发生；女生由于更容易出现偏食，进入到青春发育期的突增期，体重和身高快速增加，对各种营养素的需求也逐渐增大，因月经期失血，机体对铁需求量也会上升；还有一些女生因追求苗条的形体，节食、减肥而引起营养摄入不足。这些原因均会导致女生贫血的发生率明显高于男生。体重超标儿童也会存在缺铁现象，导致缺铁性贫血发生率较高，这可能与体重超标儿童的生理代谢异常有关。

儿童青少年各个时期的缺铁性贫血对于其个体及社会经济发展都将产生不良影响，由于贫血对身体损伤的滞后性和长期性，预防贫血的发生尤为必要。日常生活中，我们应该从以下几个方面来预防贫血。

(1) 加强针对青少年的健康教育，通过各种途径开展营养知识宣教，提高青少年营养知识水平，改善饮食行为，并养成良好的饮食习惯，减少营养不良导致的缺铁性贫血的发生。日常生活中家长应在饮食结构上注意科学、合理搭配，做到营养平衡，保障对营养成分的摄取；贫血时要多吃含铁丰富的食物，如动物血、动物肝、奶类、豆类、瘦肉、蛋黄等，特别是月经期铁丢失量大的女生，应多吃补铁食物，切勿偏食或素食。此外，多食富含维生素 C、维生素 A、维生素 B_2、叶酸、维生素 B_{12} 等营养素的食物，从而促进铁的吸收与利用。在选择保健品时，应选择针对性的补铁类产品等，这些对防治营养性缺铁性贫血意义重大。

(2) 家长、学校应定期组织青少年体检，进行血红蛋白监测，控制体重在健康水平，督促血红蛋白含量异常者及时就医诊断治疗。女生如出现青春期功血，应及时到医院就诊，在医生的指导下进行止血、调理等治疗。地中海贫血治疗中应限制含铁药物的使用以及限制进食含铁食物；重型患者需反复输血，以维持生理功能。

55. 青少年近视防控办法有哪些？

近视是视力不良常见的一种眼科疾病。视力不良，也叫正视化，青少年有远视储备，因此各年龄段的标准值并不一致。常用标准是 6 岁以上儿童青少年裸眼视力低于 5.0。视力不好仅是一种症状学描述，多种引起视力下降的眼科疾病，如近视、远视、弱视、散光等都有视力不好的症状，青少年近视问题已引起广泛关注。近视作为公共卫生问题，预防的重要性远大于治疗，防控需要个人、家庭、学校和社会综合发力，以下为近视预防的具体方法。

(1) 增加户外活动时间，保证睡眠时间：每日户外至少活动 2 小时。每日睡眠时间小学生不少于 10 小时，初中生不少于 9 小时，高中生不少于 8 小时。

(2) 注意用眼环境：尽可能采用自然光，自然光线强度以早上 9 时左右最好，保证室内充足的照明，使用光源三基色的 LED 读写作业台灯，夜晚宜调至 4000K 色温以下；选择合适的桌椅高度，不要躺着或者走路时看书。

(3) 科学使用电子产品：每天视屏时间，学龄前儿童不超过 1 小时，学龄儿童青少年不超过 2 小时；遵循 20-20-20 规则，即看 20 分钟屏幕，抬头向 20 英尺（约 6m）外注视 20 秒；尽可能选择大屏幕、分辨率高的产品，屏幕亮度适中，观看距离不小于屏幕对角线 4 倍，避免在光线昏暗的环境中使用电子产品。

(4) 注意个人用眼习惯：不要长时间近距离用眼，每次近距离用眼 30～40 分钟后应眺望或闭眼休息 5～10 分钟；读写姿势"三个一"：眼睛和书本距离 1 尺（约 33cm）、胸前与桌子的距离约一拳（6～7cm）、握笔的手指与笔尖应距离 1 寸（约 3.3cm）。

(5) 保证营养，合理饮食：控制甜食、油炸食品的摄入量，少喝高糖、碳酸饮料，补充合适的钙、磷及维生素等。

(6) 定期筛查：建议每半年至 1 年到医院做一次屈光检查，建立屈光发育档案，做到早预警、早发现、早干预。

近视的矫正方法，可以从以下五个方面入手。

(1) 戴框架眼镜：框架眼镜是最简单安全的矫正措施，对于儿童近视，尤其是初发者，一般首选框架眼镜。针对不同调节问题，还有双焦镜、三焦镜和渐进镜等可供选择，其中渐进镜可能有一定延缓近视的作用。配置框架眼镜应到正规医疗机构进行验光，购买质量合格的眼镜。同时至少每半年至 1 年进行一次复查，及时调整眼镜度数。

(2) 戴角膜接触镜：俗称"隐形眼镜"，直接戴于角膜上，常用的是特殊形状的角膜塑形镜（OK 镜）。与框架眼镜相比，主要优点是行动方便，对形象影响小，但对使用者卫生、费用及佩戴过程要求较高。OK 镜是目前公认可以延缓近视的方法。研究发现长期戴 OK 镜可有效延缓儿童青少年眼轴的延长。需要注意的是，OK 镜验配、佩戴均比较复杂，应该到专业有资质的医疗机构，由医生确认，排除禁忌证，如框架眼镜的度数大于 600 度就不适合戴 OK

镜，佩戴过程中未成年儿童需要由家长监护配合使用，并定期随访。

(3) 药物：低浓度阿托品。国内外研究均证实阿托品对延缓近视进展有一定的效果。但是阿托品可能产生药物不良反应，如视近模糊、瞳孔大、畏光、过敏等。建议在儿童近视发展较快的时期应用低浓度阿托品。

(4) 手术治疗：常用的有角膜屈光手术，即常说的激光手术。此外，还有一种眼内屈光手术，即人工晶状体植入或替换，一般用于重度近视的矫治。

(5) 中医治疗：中医的中药、针灸、按摩、刮痧及综合疗法均对近视有一定的效果。不同的人适合不同的治疗方式，所有治疗均是医疗行为，应在医生指导下进行。

56. 如何预防龋齿，为何不宜多喝饮料？

龋齿病也称龋病、蛀牙，是牙体硬组织受到细菌、饮食、宿主等综合因素作用导致的一种慢性细菌性疾病。龋齿是由不健康的高糖饮食和其他危险因素引起的最常见的健康问题，全球超过 5.3 亿儿童患有乳牙龋齿。预防是应对此病最好的选择。

青少年龋齿病对其咀嚼功能及营养摄入、吸收都会带来不利影响，其引起的不适和疼痛还会影响生活，如语言表达及与别人自信地交流等。严重的龋齿还会造成乳牙过早缺失，影响颌骨、恒牙的生长发育，出现发音异常、咬合畸形等。如长期得不到治疗可造成青少年偏侧咀嚼，双侧面部发育不对称，可影响恒牙的正常发育和萌出。没有健康的牙齿，可影响食物的咀嚼、消化和选择，造成偏食等不良饮食习惯，影响青少年正常生长发育。此外，龋齿未进行及时有效治疗，会引发牙髓炎、根尖周炎甚至颌骨炎症等并发症。牙周炎可造成牙周软硬组织破坏，引起牙槽骨病理性吸收，是导致失牙的主要原因。牙周疾病可对牙齿结构造成损伤，引发红肿、疼痛，甚至牙齿脱落。牙周疾病易出现口臭、口腔异味，牙齿缺失、牙齿变色等也会对外貌产生改变，导致与人交往时存在自卑心理，阻碍青少年健全心理的发展。

(1) 养成良好的卫生习惯，正确刷牙。刷牙能去除牙菌斑、软垢和食物残渣，维护牙齿和牙周组织健康。每天 2 次，每次 2 分钟。夜间入睡后唾液分泌减少，口腔自洁作用差，细菌更容易生长，因此睡前刷牙更重要。尽可能做到每次饭后漱口，早晚各刷牙一次。

(2) 提倡使用含氟牙膏。使用含氟牙膏刷牙是安全、有效的防龋措施，氟化物在防治龋齿方面起关键的作用，刷牙后吐出牙膏不要立即漱口，否则会冲掉氟化物。如果在牙膏膏体中加入其他有效成分，如氟化物、抗菌药物、抗敏感的化学物质，则分别具有预防龋齿、减少牙菌斑和缓解牙齿敏感的作用。

(3) 提倡使用牙线或牙间刷辅助清洁牙间隙。牙齿与牙齿的间隙称为牙缝隙，牙缝隙最容易滞留细菌和软垢。刷牙时牙刷刷毛不能完全伸入牙缝隙，每天至少一次刷牙后，能够配合使用牙线或牙缝刷等帮助清洁牙缝隙，可以达到彻底清洁牙齿的目的。

(4) 平衡膳食，多吃瓜果蔬菜，降低糖分摄入。饮食均衡，多吃五谷杂粮和蔬菜水果，这些食物富含维生素、矿物质、膳食纤维，可增加咀嚼活动，减少菌斑滞留，促进牙周健康，预防牙周病、龋病、黏膜病及口腔癌等。

碳酸饮料 pH 低、含糖量较高，可将口腔酸碱度降至釉质脱矿的临界值以下，对牙齿表面直接腐蚀，从而引发酸蚀症。微生物发酵产生酸性物质使牙釉质中的矿物质溶解，引发龋病。糖分为非游离糖和游离糖。游离糖对身体危害较大，一种是存在于果汁及蜂蜜中的糖。完整水果中的糖由一层植物细胞壁包裹，消化过程更缓慢，所以新鲜的水果不易致龋，但水果制成果汁后成为游离糖，致龋性就会增加。另一种是添加糖，应警惕食品和饮料在加工过程中添加的糖。避免苏打水、能量饮料、运动饮料等含糖饮料，以水代替饮料。避免在正餐中吃含糖零食。

(5) 定期进行牙齿健康检查。6—12 岁的儿童每隔半年检查一次，12 岁以上的儿童可每年检查一次。

57. 如何正确刷牙？

在我们的口腔中，有很多成千上亿的细菌。这些细菌有好有坏，如果坏细菌占主导，就会对我们的牙齿、牙龈及身体造成伤害。我们刷牙的目的在于彻底清除附着在牙面上的牙菌斑，保持牙齿清洁。夜间入睡后唾液分泌减少，口腔自洁作用差，细菌更容易生长。因此，晚上睡前刷牙更重要。尽可能做到每次饭后漱口，早晚各刷牙一次。那么到底应该怎么正确刷牙呢？

(1) 提倡用水平颤动拂刷法刷牙（图 4）。

① 先将刷头放于后牙牙齿与牙龈交界处，上牙向上，下牙向下，与牙齿约成 45°，轻微加压，前后颤动 10 次左

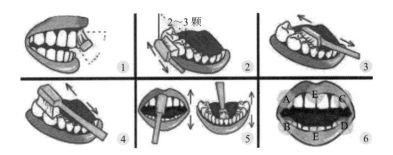

图 4　水平颤动拂刷法示意图

右，然后将牙刷向牙面转动，上下拂刷。

②　按照上述方法，每次颤动刷 2～3 颗牙，刷牙范围应有所重叠。

③　刷上前牙舌面时，将刷头竖放在牙面上，使前部刷毛接触牙龈边缘，自上而下拂刷。刷下前牙舌面时，自下而上拂刷。

④　刷牙齿的咬合面时，刷毛指向咬合面，稍用力以前后短距离来回刷。

(2) 提倡使用保健牙刷，注意及时更换。

①　刷头小，以便在口腔内转动自如。

②　刷毛排列合理，一般为 10～12 束长，3～4 束宽，各束之间有一定间距，既有利于有效清除细菌，又使牙刷本身容易清洗。

③ 刷毛较软硬适度，刷毛长度适当，刷毛顶端磨圆钝，避免牙刷对牙齿和牙龈的损伤。

④ 牙刷柄长度、宽度适中，并具有防滑设计，使握持方便、感觉舒适。

⑤ 刷牙后应用清水冲洗牙刷，并将刷毛上的水分甩干，刷头向上放在口杯中置于通风处。

⑥ 为防止牙刷藏匿细菌，一般应每 3 个月左右更换一把牙刷。若刷毛发生弯曲倒伏或沉积污垢，会对口腔组织造成损伤及污染，则需立即更换。

58. 青少年需要补充微量元素吗？

青少年期是人一生中生长发育最旺盛的时期，此时会出现身高和体重的第二次突增，因此对各种营养素的需要量也达到了最大值，之后随着机体发育的不断成熟，营养的需要量就会逐渐下降。要想判断青少年是否需要补充微量元素，得先了解一下什么是营养和营养素。营养是主要通过摄取食物，经过身体的消化、吸收、代谢和排泄，利用食物中的营养素和其他对身体有益的成分构建组织器官、调节生理功能、维持正常生长发育和预防疾病的过程。食物中所含有的能维持人的健康、提供生长发育及进行活动所需要的各种营养成分称为营养素。根据人体对各种营养素的需要量或体内含量多少，又可分为宏量营养素和微量营养素，而微量营养素主要是指矿物质和维生素，其中矿物质可分常量元素和微量元素。常量元素是指在有机体内含量占 0.01% 以上的元素，每日膳食需要量在 100mg 以上，主要包括钙、磷、钠、钾、硫、氯、镁。微量元素是指在人体中存在量极少、低于人体体重 0.01% 的元素。人体每日对微量元素的需要量很少，但包括铁、锌、铜、锰、铬、硒、碘等微量元素对人体来说必不可少。处于生长发育中的青少年，对能量、蛋白质的需要量与生长发育的速率是一致的，此时的骨骼生长迅速平均每天需要摄入1200～1000mg 的钙。男孩子体内会增加更多的肌肉，肌蛋白和血红蛋白需要铁合成，而女孩子会从月经中丢失大量铁，所以都需要注重从膳食中补铁，同时还要注意补充锌和碘，充足合理的营养是保证身心健康的重要基础。

  青少年合理营养可以使生理需求与通过膳食摄入的各种营养素建立起平衡关系，中国营养学会指出，平衡膳食是合理营养的唯一途径。平衡膳食就是为人体提供足够的能量和适当比例的各类营养素，以保持人体新陈代谢的供需平衡，达到合理营养的目的。近 40 年来，我国青少年膳食营养状况有了很大的变化，身高和体重等都有大幅度增长，膳食营养质量也明显改善。但是，受自然条件和社会经济发展不平衡的影响，青少年的营养还面临着营养不足和营养失衡的双重挑战。造成营养不良有以下三种常见原因：第一，进食不足。不吃早餐或进食量少，致使蛋白质热量供应不足和维生素、无机盐缺乏。第二，膳食结构不合理。饮食过分单一，不能做到荤素合理搭配。第三，饮食习惯不良。喜挑食、偏食、滥吃零食、喜欢大量饮料等，并以此代替主食而致营养素摄入不足。生长发育中的青少年，对微量元素铁的需求量比较大，铁缺乏病的发生率也比较高，缺铁可导致精神和运动发育问题，还会影响机体免疫功能，造成反复感染，铁缺乏性贫血对脑的损伤也是不可逆转的。此外，常见微量元素锌的缺乏可导致机体多系统功能紊乱，引发多种疾病，主要表现为食欲下降、异食癖、口腔溃疡、皮肤粗糙、皮炎、生长发育迟缓、免疫力低下易感染等。因此，青少年若出现因上述营养不良而导致的微量元素缺乏症，则需要寻求医生的帮助，进行微量元素检查，以做好相应微量元素的补充。

《中国居民膳食指南》对青少年膳食的建议：培养平衡

膳食的良好习惯，注意全谷和杂豆摄入量。青少年的健康成长，关键在于一日三餐的合理安排，只要保持膳食平衡，就能满足青少年生长发育的需要，不需要额外补充微量元素或保健品。

59. 青少年需要"补品"吗？

当今社会市场上的儿童、青少年保健品名目繁多，补充微量元素的、增高的、保护肠胃健康的、健脑的、增强免疫力的……各种针对青少年的营养品、补品的广告宣传，如"增加大脑营养，提高记忆力""增强机体抵抗力"……诱人的功效让很多家长大掏腰包。一些家长认为为了孩子的健康和前途，认为这样的"投资"是合理的。然而，不恰当的进补不但无益反而有害，可能会造成血液、神经系统等不良影响，青少年真的需要补品吗？不是的，青少年一般不需要补品。

合理饮食、正常发育的孩子一般并不需要额外服用保健品。青少年生长发育所需的蛋白质、脂肪、维生素、微量元素等营养物质，完全可以从日常饮食中获得。所以，食补比吃保健品更安全，效果也更好。不必要的"补品"

反而可能会引发一些问题，如一些提神保健品中可能含有精神兴奋剂类药物成分，长期服用不但不能帮助学生提高学习效率，反而会使其产生依赖性，导致失眠、心跳加速等不良后果。改善睡眠类保健品中通常会添加褪黑素，而褪黑素是一种具有催眠效果的激素，服用后会产生依赖性，过量服用会导致持续的精神紊乱、嗜睡、全身震颤等症状。青少年经常食用含有蜂王浆、人参、灵芝等传统"大补"的产品，尽管短期内显得食欲旺盛、精力充沛，但久用后会影响中枢神经系统，引起性特征发育异常，尤其是对年龄偏小的儿童，可能出现性早熟等。此外，还要注意不能多种保健品混合食用，如锌、铁、钙等元素，在体内的吸收其实存在"竞争关系"，乱补反而可能干扰孩子的正常发育。由于儿童、青少年的新陈代谢与成人不同，不同年龄孩子的新陈代谢能力和速度也有所不同，如果多种保健品混合使用，容易发生肝中毒。

如果确有需要使用维生素、微量元素等营养补充剂，应遵循保健、营养专业方面医生的建议，选择相应的药物。在补充的时候一定要按照医嘱要求服用正确的量，产品应选择正规厂家生产的合格产品。

60. 渴了才去喝水吗，可以用饮料代替吗？

水是生命之源，是一切生物必不可少的物质。它具有很多生理功能，如构成细胞和人体内液体的重要组成成分，维持体液平衡。水约占体重的 65%，血液含水量占 80% 以上，体内的含水量因年龄、性别、形体等不同，存在个体差异。水参与体内的新陈代谢，是营养物质代谢的载体，使消化、吸收、代谢、分泌与排泄等新陈代谢顺利进行。水有调节体温的作用，通过皮肤蒸发散热，维持体温的恒定。水还有润滑作用，可对内脏器官、关节、肌肉、组织起到缓冲、润滑作用。

人体在正常情况下，每天通过尿液、粪便、呼吸和皮肤等途径排出一定量的水分，就应当补充相应量的水，才能维持动态平衡，称"水平衡"。体内水平衡受中枢神经系统及肾脏调节，当人体水分摄入不足时，尿液浓缩，尿量减少。如果水摄入不足或丢失超过人体的调节能力时，则引起一系列的健康问题（表 6）。当失水达到体重的 2% 时，会感到口渴，出现尿少；失水达到体重的 10% 时，会出现烦躁、全身无力、体温升高、血压下降、皮肤失去弹性；失水超过体重的 20% 时，甚至会引起死亡。长期轻微缺水可能增加肾脏疾病及泌尿系统结石的发生率，导致机体的体力活动能力下降，引起便秘及皮肤干燥等。

表6　体内失水程度与相应症状

体重下降程度（%）	症　状
1	开始感到口渴，影响体温调节功能，并开始对体能产生影响
2	重度口渴、轻度不适、压抑感、食欲减低
3	口干、血浓度增高、排尿量减少
4	体能减少20%～30%
5	难以集中精力、头痛、烦躁、困乏
6	严重的体温控制失调，并发生过度呼吸导致的肢体末端麻木和麻刺感
7	热天锻炼可能发生晕厥

　　青少年正处于智力和体格发育旺盛时期，同时也是一个人饮食行为和生活方式形成的关键时期。当感到口渴时，机体已经处于缺水状态，此时饮水虽然可以补充丢失的水分，但并不是饮水的最佳时期，所以不要等渴了才喝水，必须养成良好的饮水习惯。《中国居民膳食指南（2016）》推

荐每天少量多次、足量喝水，青少年每天水摄入量6—10岁为800～1000ml，11—17岁为1100～1400ml。天气炎热或运动时出汗较多，应增加饮水量，同时需要考虑补充淡盐水，以补充机体丢失的电解质。饮水时应该少量多次，不要感到口渴时再喝。饮水最好选择白开水、纯净水、矿泉水等，不喝或少喝含糖饮料，更不能用饮料替代水。

61. 为什么应当少喝碳酸饮料?

碳酸饮料（汽水）类产品是指在一定条件下充入二氧化碳的饮料。碳酸饮料中含有的防腐剂苯甲酸钠，会破坏人体线粒体DNA。碳酸饮料主要成分包括碳酸、柠檬酸等酸性物质，以及白糖、香料，一些还含有咖啡因、人工色素等。除糖类能给人体补充能量外，充气的"碳酸饮料"中几乎不含营养素。碳酸饮料虽然好喝，但要少喝，因为有以下六方面的危害。

(1) 肥胖：碳酸饮料一般含有约10%的糖分，热量高，经常摄入过量糖分可能引起肥胖、代谢紊乱。

(2) 影响骨健康：由于碳酸饮料中含有磷酸，大量的磷进入人体，会影响钙的吸收，引起骨质疏松，长期饮用，发生骨折的风险也会增加。儿童青少年期是骨骼发育的重要时期，如果食物中高磷低钙的摄入量不均衡，再加上喝过多的碳酸饮料，不仅对骨峰量可能产生负面影响，还可能会增加将来骨质疏松症的风险。

(3) 损伤牙齿，引发龋病：碳酸饮料 pH 低、含糖量较高，可将口腔酸碱度降至釉质脱矿的临界值以下，对牙齿表面直接腐蚀，从而引发酸蚀症。微生物发酵产生酸性物质使牙釉质中的矿物质溶解，引发龋病。

(4) 损伤胃肠道功能：碳酸饮料中含有大量的碳酸成分，会极大地抑制人体肠胃中的细菌，造成胃肠道菌群紊乱，时间久了可能会出现胃酸、腹胀、食欲下降，甚至造成胃肠功能的紊乱，进而引发胃肠疾病。

(5) 损伤肝、肾功能：碳酸饮料中含有大量的色素、添加剂、防腐剂等物质，这些物质摄入体内后，加大肝脏的负担，同时饮料中的糖分转化为脂肪，堆积在肝脏中，也会增加脂肪肝的发病率，损伤肝功能；此外添加剂成分在体内代谢时需要大量的水分，饮料中的咖啡因有利尿作用，同时摄入过多的咖啡因会导致尿液中的钙离子含量增加，容易产生结石。其实人体内的镁和柠檬酸盐是可以帮助预防肾结石形成的，但是咖啡因摄入以后会让这两种物质排出体外，从而让结石病的危险大大提高。

(6) 损伤神经系统功能：部分碳酸饮料中添加了咖啡因，咖啡因对儿童青少年的记忆有干扰作用，易使人感到兴奋，使心跳加速、呼吸加快，还会降低睡眠质量。

62. 青少年睡眠不足有哪些危害？

睡眠缺乏是指未达到充分的睡眠时间。目前世界范围内儿童青少年存在严重的睡眠不足问题，睡眠缺乏不仅会产生困倦和疲劳感，降低学习和工作效率，还会增加肥胖和心血管疾病等发病风险，以及导致炎症反应，引起情绪和认知变化。研究表明，睡眠不足与抑郁、自信不足等心理问题高度相关。长期睡眠不足会使人出现不同程度的记忆力下降和免疫力受损，甚至会增加癌症患病风险，高睡眠压力还可能引起体内某些代谢物水平发生变化，进而导致生物钟紊乱、胰岛素抵抗和代谢紊乱。此外，睡眠时间持续不足对眼部生长发育产生影响，引起近视以及其他眼部疾病。中国儿童和青少年的睡眠不足严重损害儿童青少年身心健康，已成为我国重要的公共卫生问题，需要引起高度重视。

2017 年我国发布的《0—5 岁儿童睡眠卫生指南》建议，1—2 岁儿童睡眠时间为 11～14 小时，3—5 岁睡眠时间为 10～13 小时。教育部推荐小学生睡眠时间为 10 小时，中学生为 9 小时。美国国家睡眠基金会根据专家研究成果给出了不同年龄段睡眠建议，建议 6—13 岁儿童每天平均睡眠时间为 9～11 小时，14—17 岁为 8～10 小时。

63. 青少年运动现状如何？

WHO 研究人员在《柳叶刀·儿童与青少年健康》（*The Lancet: Child & Adolescent Health*）中报道的青少年运动现状令人关注。基于 2001—2016 年 160 万名 11—17 岁学生的调查研究数据发现，全球 80% 以上在校青少年没有达到目前建议的每天至少 1 小时的运动标准。具体而言，85% 的女孩和 78% 的男孩未达标。身体活动不足损害青少年健康，青少年活动不足的全球趋势表明，迫切需要采取行动以提高 11—17 岁男女生的身体活动水平。

青少年积极运动的生活方式对改善心肺功能、肌肉、骨骼、心脏和代谢健康以及对体重管理有积极影响。越来越多证据表明，身体活动对认知发展和社交有积极影响，许多好处可以持续到成年。为实现这些好处，WHO 建议青少年每天进行 1 小时或更多的适度或剧烈的身体活动。为提高青少年的身体活动水平，研究提出两点建议：一是采取紧急行动，扩大实施已知的有效政策和规划，以增加青少年的身体活动；二是需要采取多部门（包括教育、城市规划、道路安全和其他方面）行动，为青年人提供动起来的机会，包括国家、城市和地方领导人在内的社会高层应宣传身体活动对包括青少年在内的所有人的健康和福祉的重要性。

64. 青少年运动时间有何推荐要求和政策支持？

青少年体质问题对成年的身体健康水平产生重要影响，"三高"和慢性疾病的病因很多都形成于青少年时期。有研究表明，运动不足和久坐是导致体质下降的重要原因，缺乏锻炼已成为全球第四大死亡危险因素。因此，我国于 2017 年 12 月发布了《中国儿童青少年身体活动指南》，WHO 也于 2020 年发布了《儿童和青少年（5—17 岁）的体力活动及久坐行为指南 2020》，两者均对青少年运动不足的问题给出了相应的指南。

WHO 关于青少年的运动时间建议，平均每天至少 60 分钟的中、高强度体力锻炼，其中每周至少 3 天的高强度有氧运动，以及增强肌肉和骨骼的运动。限制久坐时间，尤其是刷电子产品的时间，但暂时没有给出具体的时间限制。

按照《中国儿童青少年身体活动指南》建议，青少年应每天至少累计达到 1 小时中到高强度的运动，以有氧运动为主，包含每周至少 3 天的高强度身体活动及增强肌肉力量、骨骼健康的抗阻活动。鼓励儿童青少年更多地动起来，更多的身体活动会带来更大的健康收益。每天屏幕时间限制在 2 小时内，减少因课业任务持续久坐行为，课间休息时应进行适当身体活动。

两个指南均指出，动比不动好，即使暂时没有达到规定的运动量，体力运动也仍能让健康获益。每项运动都有用，无论走路、骑车、跳舞、做运动还是与孩子玩耍，这些活动对心脏、身体和大脑都有显著的健康益处。可以逐步提高运动量，达到规定的频率、时长及强度。运动越多，越可以增加心肺功能、骨骼健康及认知方面的获益，学习成绩也可以得到提高。

国家除了出台相关政策，指导青少年进行合理运动

以外，还应以促进青少年健康成长为目标，深化学校体育改革。

当一些特殊情况发生时（如近几年的新冠疫情），可能会对生活方式造成改变。如电子屏幕过多运用等问题，有关部门也建议，青少年应进行校内、校外各 1 小时的体育活动；校内可以进行 1 小时的中到高强度的运动，在课间还可以进行 3～5 分钟的"微运动"，校外可以积极参加各种形式的户外体育活动，包括上下学的步行。可以单次运动 1 小时，也可以分成几次进行，但是每次运动不少于 10 分钟。运动贵在坚持，持之以恒才有成效。

65. 青少年运动有何好处?

我们都知道生命在于运动，那究竟什么是运动，运动有哪些好处呢? 首先，根据 WHO 定义，身体活动是由骨骼肌肉产生的需要消耗能量的任何身体动作。2016 年，全球 11—17 岁的青少年中有 81% 身体活动不够。运动可以促进新陈代谢、增强体质、愉悦身心。特别是对于生长发育快速时期的青少年，各器官包括智力和心理都有很大的可塑性和潜力。若能坚持运动，可以促进青少年健康与发展。研究证明，定期的身体活动有以下三点益处。

(1) 促进心肺功能：运动可增大肺活量，增强心脏的收缩力，有助于预防和管理心血管疾病、癌症和糖尿病等非传染性疾病。

(2) 促进骨骼肌肉发育：运动促进青少年骨骼生长及关节囊和韧带增厚，加强关节的牢固性和对压力的承受性，提高神经系统对肌肉的控制能力，使肌肉粗壮、力量增强，增强体能，改善整体健康。

(3) 促进心理健康：运动有助于改善青少年情绪状态，减少抑郁和焦虑的症状，促进认知的发展，加强思维、学习和判断能力，培养良好的意志品质。

66. 户外活动有何益处?

运动好处多，包括改善身体成分，提升心肺耐力，促进心血管和代谢健康，促进肌肉骨骼健康生长，提高认知功能与智力发育，改善情绪状态，促进人际交往，预防心理疾病等。有条件的情况下，提倡适当的户外运动。户外活动的益处具体包括以下四方面。

(1) 补充维生素 D：户外活动有利于增加紫外线照射机

会。阳光中的紫外线可以促进皮肤合成维生素 D，而维生素 D 对改善身体功能至关重要，如提高免疫力、调节代谢、抑制脂肪合成和调节情绪等。

(2) 保护视力：户外运动充足的阳光照射会使瞳孔收缩，加大眼睛的聚焦力，增加神经 – 体液调节系统分泌多巴胺，从而抑制眼轴变长，有利于保护视力，预防近视；也可使青少年暂离手机、电脑等电子产品，减少近距离用眼的时间，缓解用眼疲劳。

(3) 改善情绪：阳光和新鲜空气，大自然的美丽风景能让人心情愉快，使得学习和生活上的压力得以缓解。

(4) 结交良师益友：户外运动通常可以群体的方式，在运动的同时可认识更多新的朋友，交流互动中开阔视野并培养团队精神。

青少年的身体发育尚不完善，不宜进行大量和超大量的运动，应根据年龄、健身目的和季节科学安排。

67. 适合青少年的运动有哪些类型？

青少年运动对促进其健康与发展非常重要，那么哪些运动适宜青少年呢？运动时需遵循哪些原则呢？

不同运动对于身体素质有其不同的功效，青少年正处于身体的全面生长发育阶段，运动选择上应以全面提升身体素质为原则，尽可能多样化，兼顾心肺耐力、力量、协调性、柔韧性、平衡、速度、灵活性等均衡发展，注重身体移动、平衡、操控物体等基本运动技能的训练。具体选择时，遵循 FITT 原则，根据年龄和自身身体特点，合理安排运动项目。

FITT 原则指频率（frequency）、强度（intensity）、时间（time）和类型（type），按照《中国儿童青少年身体活动指南》建议，青少年应平均每天至少进行 60 分钟中到高强度的运动，以有氧运动为主，包含每周至少 3 天的高强度及抗阻运动，其中有氧运动是由有氧代谢提供能量所完成的运动，能够有效提高心肺耐力。无氧运动是指主要由无氧代谢提供能量的运动，一般非常剧烈或爆发急速、强度高、持续时间短，可以提高机体的肌肉力量和爆发力，以及提高运动速度。抗阻训练又称力量训练，是克服外来阻力时进行的主动运动，是提高肌肉力量、促进骨骼健康的重要手段。

运动强度一般用最大心率百分比或自我主观感觉表示。最大心率百分比 = 运动结束后 10s 内即刻心率／（220 —

年龄）×100%。低运动强度时，自我感觉轻松，呼吸、心率稍有增加，最大心率百分比≤63%；中等强度时呼吸、心率较快，微出汗，有点吃力但仍然可以轻松说话，最大心率百分比为64%～76%；高强度运动时，呼吸明显急促，呼吸深度、心率大幅增加，出汗，基本不能讲话，最大心率百分比达76%以上。

综上，对于7—12岁青春早期的孩子，建议以游泳、跑步等有氧运动为主，外加一些简单的对抗项目及一些小的自重力量训练。中等强度有氧运动可选徒步、快走、滑板等；高强度有氧运动则有跑步、游泳、骑自行车、跳绳、武术、足球、篮球、乒乓球、羽毛球、滑冰、越野滑雪等。肌肉和骨骼增强运动可有改良俯卧撑（膝盖着地），利用体重或者阻力带进行的阻力训练，以及爬绳、爬树、仰卧起坐、游泳、街舞、跳跃、体操、排球，网球、拔河等。为了增加运动兴趣，可以多安排游戏型运动，如踢毽子、跳房子、丢手绢、打雪仗、摇呼啦圈、荡秋千、捉迷藏、投沙包、老鹰捉小鸡等，效果会更好。13—18岁的青少年，可把原来部分较低难度的项目换成俯卧撑、利用器械进行的阻力训练等，还可增加一些力量、速度、对抗性、爆发性的运动项目，如引体向上、跆拳道、击剑、短跑、瑜伽、高强度舞蹈等，以促进肌肉体积与力量增长。

不管进行何种运动，都要注意循序渐进，均衡发展。更多的运动会带来更大的健康收益，希望大家都可以找到自己喜欢的方式，坚持运动，持续获益。

68. 如何预防青少年运动外伤？

运动是促进青少年健康成长的重要手段，但运动不当也会导致身体损伤，这也是导致很多青少年放弃运动的重要原因。了解运动损伤的常见原因及发生规律，对坚持运动和预防损伤十分重要。

比较常见的运动损伤包括皮肤及浅层软组织的擦伤、裂伤、刺伤、肌肉拉伤、挫伤、关节部位扭伤或脱臼、韧带损伤、骨折和疲劳性损伤等。我们所说的"鼠标手""网球肘"属于疲劳性损伤。青少年运动损伤多见于头部、手指、踝关节和膝盖等部位，最常见的是软组织挫伤及骨折，与其身体、心理及运动特点有关。青少年骨骼肌肉尚未发育完全，关节韧带不够牢固，身体协调性也较差，同时心理不够成熟，好胜冲动，喜欢对抗性强的运动，喜欢自我加负荷训练，喜欢挑战高难度或不熟悉的运动；缺乏运动保护意识，不愿意佩戴运动护具，不愿意花时间去做准备活动；运动技能不规范……这些因素都是导致运动损伤的重要原因。因此，现实中男生运动损伤的发生率普遍高于女生，低龄的青少年关节脱臼发生率高，女生膝关节损伤比男生更高。此外，运动时的天气、运动场地、运动器械、营养、睡眠也与运动损伤有关。有研究表明，长期睡眠不足的青少年比睡眠良好的青少年更容易受伤；肥胖、贫血的人员更容易运动损伤。运动损伤可以从以下三方面从源头进行预防。

(1) 循序渐进：应从少量的体育活动开始，并随时间的推移逐渐增加频率、强度和持续时间，但要有适应过程。

(2) 风险意识：如运动前注意运动器械是否完好、是否在合适的运动场地、天气和运动方式是否合拍、是否有保护设施、运动服装鞋袜是否合适，以及当有较危险（如棒球等）的运动时，运动护具是否佩戴到位等，都是运动前需要考虑的因素。

(3) 避免伤害：只要有条件，任何运动项目都可以尝试，应该多样化，可以更好地培养运动兴趣，也有助于在力量、速度、耐力、柔韧性、灵敏度、协调性等方面全面发展。要学会正确评估练习时的身体状况，是否体力不够、睡眠不足、心情欠佳，或者是否有过运动损伤、是否提前做好防护措施等。运动前要有充分的准备活动，使身体放松和舒展，进行几分钟慢跑、多向踢腿、弓步转身等，让自己身体慢慢热起来，缓解肌肉关节紧张度，可以有效避免肌肉拉伤、扭伤等。运动时要采用正确的姿势、动作规范、运动负荷合理。运动后要有整理活动，快跑后不是立即停止，而是继续慢走，或运动后进行胸部、肩背部、四肢不同肌群的静态拉伸，都能放松紧张的肌肉，避免慢性损伤。

最后，可以学会常见运动损伤的简单紧急处理，了解后续康复知识，避免二次伤害和并发症。

69. 什么是性健康？

WHO 关于性健康的定义是指性的生理、情感、心理和社会方面健康，而不仅仅是没有疾病、功能失调或衰弱。性健康需要对性和性关系有正面和尊重的方式，同时拥有愉悦安全性体验的可能，而不受威胁强迫、歧视和暴力，即任何时候都能采取自愿的原则。为了获得和维持性健康，所有人的性权利必须得到尊重。获得性健康能力取决于四个方面：①对性相关系统科学信息的获得性；②对无保护性活动面临不良后果风险的情况了解；③对性保健服务获取的能力；④肯定与促进性健康的生活环境。

性健康标准包括性生理健康、性心理健康和性行为健康三个方面。性生理健康指的是要有正常发育的生殖器官和第二性征、生殖系统功能正常，以及有良好的卫生习惯。关于性心理健康，WHO 解释为个体性欲望正常，对与性有关的问题有正确的认识，性适应能力强，异性交往恰当，人格完善，各方面都能比较协调地发展。性心理健康具体体现在以下五个方面：①正确认识青春期身心发育的变化，正确对待青春期性萌动；②悦纳自己的身体和性反应，尊重异性，有良好的同伴交往；③学会表达、接受与拒绝的技巧，把握分寸；④认识健康的性行为，理性对待性生理反应，对自己负责、对他人负责；⑤了解怀孕及性生理疾病的知识，保护自己，健康成长，珍爱生命。性行为健康，包括性行为符合社会规范、遵守性行为的道德要求、履行性行为的社会责任等。

性健康素养指的是能够获取和理解性知识并将获取的信息纳入支配其行为的性决策过程，包含性观念、性行为及性心理等方面知识，良好的性健康素养和性健康有着密切关系，性健康素养的养成不仅关系到自身健康成长，更有助于增强并引导大众增强性健康意识。

70. 什么是生殖健康？

"生殖健康"一词是由"reproductive health"翻译而来，1988 年 WHO 人类卫生研究规划主任 Barzelatto 率先提出了生殖健康的新概念。1994 年 WHO 全球政策理事会正式通过了"生殖健康"定义，即生殖健康是指生殖系统及功能和进程所涉及的一切事宜，包括身体、精神和社会等方面的完好状态，而不仅仅是没有疾病或不适。新概念的提出，把生殖问题从单纯的妇产科领域和单纯的医学范畴扩展到了经济、社会等更加广阔的领域，把生殖健康与整个社会的发展、与人口增长、人们的生命素质和全人类的共同进步等重大问题都紧紧地联系在一起。1994 年国际人口与发展大会提出了"2015 年人人享有生殖保健"的全球性奋斗目标，并将其写入大会《行动纲领》。性健康是广义的，生殖健康是狭义的，两者具有自然的关联。生殖健康的主要内容有以下六方面：①人们能够有满意而且安全的性生活；②有生育能力；③决定孩子的数目及选择孩子年龄间隔（遵循我国生育政策）；④夫妇有权知道和获取他们选定的安全、有效、负担得起和可接受的计划生育方法；⑤有权获得生殖保健服务；⑥妇女能够安全地妊娠并生育健康的婴儿。从生殖健康定义和主要内容可知，生殖健康已不仅仅是生物医学的概念，而是扩大到了社会科学的范畴。生殖健康概念的基础是男女平等，人的健康特别是女性权利是生殖健康的核心，生殖保健服务是实现生殖健康的手段，强调服务对象的需求、参与、选择和责任是生殖健康的特点。

71. 什么是性权利？

性权利是指性健康相关的人权得到尊重、保护和满足，具体内容包括以下方面。

- 人的生命、自由、自主和安全的权利。
- 平等和无偏见的权利。
- 免除折磨或残忍、非人性或非体面的对待或惩罚的权利。
- 隐私权。
- 最高标准的健康（包括性健康）和社会保障的权利。
- 自由结婚、建立家庭的权利，解除婚姻的平等权利。
- 依据我国生育政策，有决定要几个孩子、孩子间隔时间的权利。
- 有获取信息和教育的权利。

- 有表达见解和言论自由的权利。
- 基本权利受到损害时获取有效补偿的权利。

从全球范围来看，抗击新冠肺炎前线的卫生和社会工作中女性占 70%，同时由于新冠肺炎疫情的影响，居家办公使得女性和女孩所受家庭暴力危险性上升；在一些国家，家庭暴力上升了 30%。尽管对女童的虐待歧视有所减少，但是还未达到完全性别平等。

72. 什么是全面性教育？

2018 年联合国教科文组织牵头对《国际性教育技术指导纲要》进行了修订，明确了性教育在人权和社会性别平等框架内的地位，提倡关于性和人际关系方面的系统化学习。全面性教育已被公认为青少年健康干预措施的重要组成部分。

全面性教育（comprehensive sexuality education，CSE）是一个基于课程的，探讨性的认知、情感、身体和社会层面意义的教学过程。其目的是使青少年具备一定的知识、技能、态度和价值观，从而确保其健康、福祉和尊严。全面性教育培养相互尊重的社会关系和性关系，帮助青少年学会思考他们的选择如何影响自身和他人的福祉，并终其一生懂得维护自身权益。全面性教育包括以下八个方面的内涵（表 7）。

表 7　全面性教育的八项内涵

核心概念	主　题
关系	• 家庭 • 友谊、爱情和浪漫的关系 • 宽容、包容和尊重 • 长期承诺和养育子女
价值观、权利、文化与性	• 价值观与性取向 • 人权与性 • 文化、社会与性
理解社会性别	• 性别的社会建构与性别规范 • 性别平等、刻板印象和偏见 • 基于性别的暴力
暴力与安全保障	• 暴力 • 同意、隐私和身体完整 • 安全使用信息通信技术（ICT）
促进健康与福祉技能	• 性行为的规范和同伴影响 • 决策 • 沟通、拒绝和谈判技巧 • 媒介素养与性 • 寻求帮助和支持
人体与发育	• 性与生殖解剖学和生理学 • 繁殖 • 青春期 • 身体形象

（续表）

核心概念	主　题
性与性行为	• 性、性行为和性生活周期 • 性行为和性反应
性与生殖健康	• 怀孕和预防怀孕 • 人类免疫缺陷病毒（HIV）和艾滋病的污名、护理、治疗和支持 • 了解、认识和减少性传播疾病感染的风险，包括 HIV

　　全面性教育致力于提供全面的、准确的、循证的、适应年龄阶段的性信息。它着眼于性与生殖健康，包括但不限于以下方面：性与生殖相关的解剖学与生理学知识，青春期性发育与月经，生殖、现代避孕方法、怀孕与分娩，以及包含 HIV 和艾滋病在内的性传播感染。全面性教育覆盖，学习者需要了解与性有关的全部主题，包括在一些社会和文化环境中可能具有挑战性的内容。关系，价值观、权力、文化与性，理解社会性别，暴力与安全保障，促进健康与福祉技能，人体与发育，性与性行为，性与生殖健康，这八个核心概念同等重要，相辅相成，在教学过程中相互穿插。

　　在实际工作中，一般比较注重性生理卫生知识、性心理卫生知识、性道德教育和性传播疾病等相关教育（表8）。

表 8　CSE 的主要概念和特点

八个关键概念	• 关系 • 价值观、权利、文化与性 • 理解社会性别 • 暴力与安全保障 • 促进健康与福祉技能 • 人体与发育 • 性与性行为 • 性与生殖健康
特征	• 科学准确 • 增量 • 年龄和发育合适 • 基于课程的 • 综合 • 基于人权方针 • 基于性别平等 • 与文化相关并与背景相适应 • 变革 • 能够培养支持健康选择所需的生活技能
学习的三个领域	• 知识 • 技能 • 态度

73. 何时开展性教育？

　　作为家长、监护人、学校老师，以及所有的妇幼工作者或可能接触到青少年的社会人员，都应该把青少年的性教育作为重要的话题，应当选择合适的场合对青少年进行性知识教育。尤其是家长，应当把性教育作为青少年教育的重要内容。

性教育是一个循序渐进的过程，根据国际性教育技术指南，没有确切的启动性教育的年龄。根据年龄和所处的发展阶段，着眼于儿童和青少年成长过程中不断变化的需求和持续发展的能力，及时提供最能满足其当前阶段健康所需要的内容，并在其最有可能内化性与生殖健康及人际关系相关的信息时，及时提供相应的教育。

自新中国成立以来，我国政府就认识到青春期性教育的重要性，1992 年 1 月 1 日起施行的《中华人民共和国未成年保护法》为学校性教育提供了法律依据。2016 年 10 月，由中共中央、国务院印发并实施的《"健康中国 2030"规划纲要》中指出，要减少不安全性行为，开展性道德、性健康和性安全宣传教育和干预，加强对性传播高危行为人群的综合干预，减少意外妊娠和性相关疾病传播。2021 年 6 月起施行的新版《中华人民共和国未成年人保护法》第三章第四十条明确指出，学校、幼儿园应当对未成年人开展适合其年龄的性教育，提高未成年人防范性侵害、性骚扰的自我保护意识和能力。这是国家立法层面首次使用"性教育"这一表述。2021 年 9 月"性教育"被写入《中国儿童发展纲要（2021—2030 年）》，并对"儿童与健康"提出了明确的目标和策略，其中"主要目标"的第 12 项为"适龄儿童普遍接受性教育，儿童性健康服务可及性明显提高"。

开展全面性教育方面，教育部门起着决定性作用，青少年把学校和教师看作是最为可靠的信息来源。作为教学和个人发展的场所，学校应利用现有的基础设施、师资、可靠的信息和正式课程来长期开展教育项目（图 5）。

开展全面性教育不仅仅是学校的责任，学校教师、家长、社区的多方联动也至关重要，此外还要关注特殊群体。

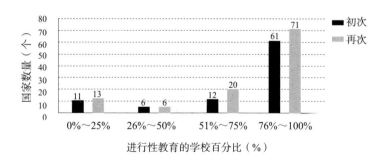

图 5 全国性教育方案覆盖情况
数据源自 NCPI 2019、SDG4.7.2 和 2019—2020 年 CSE 状况调查

74. 青少年性教育应注意哪些方面？

性教育是家庭教育、学校教育和社会教育中的一项内容，是关于人的心理、社会发展的一项研究和教学。因此，需要学校、家庭、社会三方结合同步进行，同时可以辅以社会工作机构加强和完善。全面性教育的实施需有政策保障、学校广覆盖、教程内容质量、师资准备与教学质量及多方（学校、社区及社会政治环境支持）促成环境等要素（图6）。

(1) 学校性教育：教导学生获得正确性知识，避免色情刊物或声像制品乘虚而入、毒害青少年。加强教师队伍建设，培训具有专业知识的教师；开设选修课，并与生物、人口理论、卫生等有关学科相结合，渗透青春期教育有关内容；教师或请外校专家举办各类青春期知识讲座；与有关部门合作开设青春期健康咨询。

(2) 家庭性教育：家庭是性教育的主体，是青少年的启蒙老师。家长要掌握孩子青春期生长发育的知识和现状，了解孩子的心理变化；尽早对孩子进行性教育，及时让孩子知道自我保护，培养孩子自尊、自重、自爱、自强的能力；正确指导孩子处理人际关系，特别是与异性交往中应遵循的礼仪道德；以身作则，强调责任，教育孩子懂得以

图 6　全面性教育的实施要素

负责任的态度处理性和情感问题。

(3) 社会性教育：为青少年提高有益的视、听、阅读材料；教育、科研、医疗卫生、计划生育等部门共同关心青春期教育；统筹协调各方力量，与未成年人保护中心、青少年保护协会等专业机构共同努力，让性教育专业化、规范化。此外，还要加强普法教育。

75. 家长如何对孩子进行性教育？

青少年的性教育是整个性教育最关键的时期。在此阶段青少年生殖器官和第二性征逐渐发育成熟，经历着从儿童到成年的人生重要转变。对于男生来说，这个转变更多是关于性感觉直接和积极的体验，对于女生来说这意味着开始接收到有关性、贞洁、生育和女性气质的信息。然而，无论是男生还是女生，在面对有关性的问题上都有面临好奇、渴望又困惑等情感上的波动，非常需要正确的引导和支持。父母作为孩子成长过程中最有影响、最为亲密的成年人，应当在性教育过程中扮演最重要的角色。受传统文化的持续影响，在很多的家庭中仍忌讳谈"性"，有关"性"的话题在家庭中的禁区，父母不愿谈，孩子不敢问，似乎已经成了许多家庭的默契。有调查结果显示，那些在性问题上遭遇过伤害的青少年，绝大多数没有得到过家庭必要的科学的性教育。那么，家长应该如何对青少年开展性教育呢？

(1) 加强自身的学习，更新陈旧的观念和知识。很多家长担心性教育会诱发性行为，认为不懂"性"才是道德纯洁的表现，长大了自然什么就懂了。殊不知，很多孩子就是因为感觉在家长面前问性问题没有安全感，而选择通过网络或同伴来获取与性相关的信息，这就更增加了他们接收不良性知识、性信息甚至错误两性关系的概率。因此，只有自身对性教育有了正确的认识，了解其重要性和必要性，才能消除与孩子面对面开展性教育的顾虑。家长自身需要掌握科学的性与生殖健康知识。性教育不仅仅是指"性行为"和性器官的教育，而是涵盖了生理、心理和社会多方面的内容，集知识、保护、道德和法律于一体的综合性教育。

(2) 掌握家庭性教育的方法要点。家庭性教育是家庭教育的一部分，青春期的家庭性教育又和其他年龄段有所不同，家长对孩子进行性教育不能满足于一两次谈话，更不能依靠教训和斥责，要讲究教育方法，懂得教育艺术，才能够真正得到良好的效果。家长要明确家庭环境及自身的言谈举止对子女的重要的潜移默化影响。因此，在日常生活中，以身作则。应学会倾听孩子所发表的言谈，了解其已经知道了哪些信息，有些什么样的想法，还有哪些相关的问题，及时了解孩子真正的需求，才能有针对性地进行家庭教育。可结合电视、网络上的相关新闻，以及周围人和事，告诉孩子自己的看法和观点，认真把握每一个"可教时机"，只有"相机而教"才能达到润物细无声的效果。注意已经不能简单地让青春期的孩子对父母的要求言听计从，为助力孩子成长，可以与孩子讨论每一种做法可能带来的后果，以及每一种后果该怎样应对，学习应对每一种后果的能力；也就是告诉孩子正确的性知识，引导孩子自己做出选择和判断，并对自己的选择和行为承担责任。此外，家长要主动积极与学校老师沟通了解孩子情况共同开展性教育，支持学校开展有关性健康的课程和活动，鼓励孩子认真学习并和孩子一起分享学习心得。

76. 如何引导青少年与异性进行正常的交往？

青少年异性交往是一种正常的心理和生理现象。作为父母和教师，既不能草木皆兵，限制异性同学来往，又不能听之任之，要给予孩子充分的尊重，应针对青少年心理特点进行引导教育。那么，如何引导孩子与异性同学进行适当的交往呢？

一是要理解与尊重孩子。青春期产生的首要原因是女生雌激素、男生雄性激素增加，青春的躁动不约而至，孩子喜欢与异性相处，这是人之本性，家长要泰然接受。有异性同学向孩子示好或孩子知道喜欢异性，证明孩子发育很健全，身心很健康，如果这样与孩子交流，就不会引起孩子的反感。

二是要预先给孩子设置高压红线。青少年身体发育与脑发育是不平衡的，一方面由于身体各器官组织的发育日趋成熟，激素水平增加，因而会产生非常自然的喜欢与异性交往，即老师或家长眼里的"恋爱行为"；另一方面从脑科学和神经发育的角度看，用家长或老师权威型教育模式符合孩子的大脑发育特点。大脑具有非常大的可塑性，学习能力很强，同时因为大脑还在发育中，其自控力、专注力等高级功能还存在着一定的缺陷，如果没有外界的约束，会出现行为和心理上的问题（如网瘾、吸烟、酗酒等），故对孩子要进行正面提示，设置警戒线非常必要和重要，如不可以夜不归宿、过早发生性行为等。劝导孩子与群体异性交往而非一人独处，与异性交往中多学习他人优点，"三人行必有我师"，把喜欢异性化作激励"自己要优秀"动力。

77. 青春期性发育会有哪些变化?

随着青春期到来，女生和男生从外观到内部器官功能，均出现急剧的明显变化。女生性发育会经历乳房发育、月经来潮到生殖器官逐渐发育成熟的变化。女生生殖器官包括卵巢、子宫、输卵管和阴道，这些器官大都深藏盆腔，发育"不露声色"，往往不被察觉。女孩卵巢在8—10岁开始迅速发育，卵巢的重量和体积直线上升，并逐渐成熟，分泌性激素，促进卵泡生长及成熟。卵泡每月开始排出卵子，子宫在10—18岁体积逐渐增大。阴道随着发育变长变宽，开始排出分泌物，俗称"白带"，白带量不多，可润湿阴道，白色或透明，无异味。女生第二性征发育，如乳房、阴毛和腋毛等外在变化明显，比较引人注目。女生第二性征中乳房发育出现最早，8—13岁是青春期萌动的标志。月经初潮是指女生出现第一次生理性子宫出血，是性功能发育的主要标志，大多在乳房发育1~2年后。月经初潮年龄为11—16岁，初潮后第1~3年，月经周期常常不规律并且不排卵，5年后80%为有排卵性周期。

男生进入青春期后，生殖器官迅速发育。睾丸容积增大通常是男孩进入青春期的第一个最显著的变化，其次是阴茎增大和阴毛出现，随之睾丸和阴囊迅速发育，阴囊颜色渐渐变深，并逐渐长出浓密的阴毛。睾丸容积随年龄增长明显增大，青春期后，睾丸容积增长速度迅速缓慢下来，至青春期末平均约为 18ml。与此同时附睾、精囊腺、前列腺、阴茎也伴随着睾丸发育而迅速发育并接近成人，输精管管腔逐渐增粗、增长。生殖器官发育到一定程度后，睾丸开始产生精子。同时，前列腺和精囊等伴随睾丸发育也逐渐成熟，并产生分泌物。精子与这些分泌物混合组成乳白色的液体，这就是精液。首次遗精是男生青春期性发育的重要标志，首次遗精一般发生在 12—18 岁，约比女性平均月经初潮年龄晚 2 年。精液是不断产生的，对青春期男孩来说遗精是成长中的一种正常的生理现象。男生 11—13 岁开始，外阴部长出短而细的阴毛，1～2 年后腋毛开始长出，唇部开始长胡须，汗毛多而密，14—15 岁开始变男音，喉结增大，声音变得低沉，肌肉发达，骨骼坚实，呈现出男性魁伟的特征。

78. 性自慰影响身体健康吗？

性自慰就是靠自己的能力来解决性涨满、宣泄性能量，满足自己对性的要求，并从性方面获得快感和慰藉。狭义的自慰（masturbation）是指为了获得性快感而用手刺激生殖器的行为，所以也称"手淫"。自慰是正常的生理现象，对于大多数青少年而言，自慰是一种自身的性行为。无论男女，到了青春期后，由于体内的生理变化，并由此产生性冲动和性欲，对性满怀憧憬、好奇和幻想，但从性成熟到能够合法地宣泄性能量、满足性要求（登记结婚）一般要等待数年或更久，而这段时间的性需求往往最高，总要寻找机会宣泄涨满的性欲，可能在不经意的机会，偶尔刺激生殖器官并达到高潮。男生的自慰行为往往比较单纯，几乎都是围绕阴茎进行的，有的靠两条大腿夹、压、摩擦阴茎而完成；有的靠俯卧体位的阴茎与被褥的摩擦而射精等。但是，最常用、最直接的自慰方式是握住自己的阴茎，并给予一定强度的摩擦，或者上下地抽动，以达到射精并获得自我满足的性快感。女生的自慰方式则比较复杂，除了围绕阴道刺激展开的自慰行为外，还包括对外阴（大小阴唇、阴蒂）、乳房等部位的刺激。各种自慰方式以自己不会受到伤害为前提。有些协助自慰的方式是安全有效的，而有些方式却存在潜在隐患，可能造成生殖器官的损伤，并容易诱发感染，应该避免。

自慰不是一种罪恶的行为，适度的自慰不会对身体造成任何伤害。成长中的青少年处于身心发育过程中，性生理和心理的发育离不开对性的体验，自慰是对自身的性体验，也可以说是对今后成人性生活的准备阶段。自慰不会传染包括艾滋病在内的任何性病，也不会涉及他人，更不会导致性攻击甚至性犯罪的发生，并避免了因性问题而引起的道德问题和社会问题。所以，自慰本身无害，是安全的性行为，不要有心理压力，但不宜过度，过度频繁的自慰可能会出现精力不集中、疲乏无力、记忆力下降等，并扰乱了正常的工作和学习。积极培养青少年健康广泛的爱好和兴趣，减少不良的性刺激以控制自慰意念，使注意力转向到健康的日常生活和社会活动中，避免穿着紧身衣裤，按时睡眠，晚餐不宜过饱，睡眠时被褥不要过暖过重，睡眠不宜仰卧和俯卧，晚餐避免刺激性饮食，如烟、酒、咖啡、辛辣食物等。在自我矫治难以达到理想效果的情况下，应该接受必要的医学咨询和治疗。

79. 如何预防性侵害？

性侵害包含的范畴比较广，只要是违背他人意愿，与其进行有关于性方面的活动即为性侵害，至于是不是异性之间、是否发生性关系不限。在 2020 年 7 月 1 日出版的《中华人民共和国民法典总则编理解与适用（下）》中解释为：参照 2013 年 10 月 23 日最高人民法院、最高人民检察院、公安部、司法部《关于依法惩治性侵害未成年人犯罪的意见》第 1 条规定，性侵害未成年人犯罪包括针对未成年人实施的强奸罪，强制猥亵、侮辱罪，猥亵儿童罪，组织卖淫罪，强迫卖淫罪，引诱、容留、介绍卖淫罪，引诱幼女卖淫罪等。这是从刑法的角度对性侵害的范围进行界定，WHO 发布的《虐待儿童磋商报告》对性侵害未成年人做了以下规定："性侵害未成年人是指行为人在未成年人尚未完全理解性行为，或无法作出性同意表示，或尚未发育完全不能作出性同意，或者违反法律或社会道德禁忌的情况下与未成年人进行性行为，性侵害未成年包括但不限于：①威胁或强迫未成年人进行任何非法的性行为；②利用未成年人从事卖淫活动或其他非法活动；③利用未成年人经营色情表演或制作相关材料。"性暴力是加害人强迫受害人以其感到屈辱、恐惧、抵触的方式接受性行为，或残害受害人性器官等性侵犯行为。因此，性侵害与性暴力是包含与被包含的关系。

那么，如何防范性侵害？先要提高青少年的自我保护意识，让青少年认识自己身体，了解身体的隐私部分，树立自我保护意识。在《生命安全与健康教育进中小学课程教材指南》中，已经要求小学阶段"了解生命与生长发育知识，初步学习青春期发育、心理健康及保健知识与技能，树立珍爱生命的意识，学会保护自己"，这也是宣教小学生提高预防性侵害能力的前提和基础，而初中阶段要求"提高预防性骚扰与性侵害的能力"，旨在对青少年进行科普和宣教，提高青少年的自我保护能力。首先，青少年应该避免出入酒吧、KTV 或在陌生人带领下出入私人的会所或者密闭的空间，不要陌生人给的饮料和食物，特别要防范熟人给予的馈赠，恶意劝酒，更要避免醉酒等。其次，需提高青少年对危险的辨别能力，青少年的性侵害大多数发生在熟人之间，这些人往往都有伪装的可信身份，他们可能是朋友、老师、亲戚、长辈、同学、邻居等；青少年需认真判断哪些是危险举动，哪些是学校和书籍中宣教过的不可以侵犯的身体部位。手机上应该设有应急电话，应急按键应该是可以直接拨给父母或者 110。最后，要提高自身屏蔽风险的能力，青少年尤其是青春期女生，衣着要适合年龄；夜间最好是结伴而行，避免独行，如不得已需要独行，一定要在人多的道路上行走，同时与父母、好朋友保持一定的联系，切记不要在外过夜，特别不要在男性同学或者朋友的家中过夜，独自乘坐出租车或网约车，上车后记下出租车或网约车的车牌信息，及时发送给父母。出门前一定要告诉父母返回的时间，与谁在一起，以及联系方式等。

80. 遭遇性骚扰应该如何应对？

"性骚扰"这三个字对大家来说并不陌生，青少年同样会遇到性骚扰问题，与成年人比起来，他们更弱小，更缺乏防范知识，也更容易被不良用意者盯上。

那么性骚扰到底是指哪些行为呢？性骚扰是指一方通过语言或形体的有关内容侵犯或暗示，从而给另一方造成心理上的反感、压抑和恐慌。性骚扰是性歧视的一种形式，也是性暴力延续的一部分，其表现形式尚无统一界定，但很多国家都已把性骚扰作为一种不法行为。性骚扰行为的外在表现形式多种多样，大致分为三种类型，即语言性骚扰、身体性骚扰、环境性骚扰。语言性骚扰主要指带有性含义的挑逗、侮辱、威胁等冒犯性言论，这些言论可以通过口头方式表现，也可以借助于书信、邮件、网络即时通信等方式。身体性骚扰包括搂抱，触碰他人胸部、下体等敏感部位，向他人做下流的手势、动作等。环境性骚扰指行为人通过在某一场所播放色情电影、展示淫秽图片物品等所创造的一个胁迫、敌意、羞辱或冒犯性的环境。青少年不论男生、女生都有可能受到来自成人或同龄人的性骚扰，同时青少年身处校园环境中还会遇到校园性骚扰。校园性骚扰已经是全球教育领域的普遍现象，成为危害当今校园环境的毒瘤。

什么是"校园性骚扰"？校园性骚扰是性骚扰概念的延伸，是校园环境中发生的性骚扰行为，既具有"性骚扰"的共性，又具有其自身的特殊性。它是指在校园（包括幼儿园、小学、中学、高等院校）环境中，行为人为了满足自己的性欲望，故意采用不受他人欢迎的与性有关的方式，包括身体触碰、肢体动作、言词或者非言词，利用现代通信工具或者网络传递与性有关的文字、图片、声音等使受害人生理、心理上感到不适，并且侵犯了受害人性自主权的民事侵权行为。社会各界对发生在青少年身边性骚扰事件越来越重视，2021 年 6 月 1 日起施行的新版《中华人民共和国未成年人保护法》第三章"学校保护"专章

规定了"学校应当建立未成年学生保护工作制度""安全管理制度""学生欺凌防控工作制度""预防性侵害、性骚扰未成年人工作制度"等校园保护制度。针对预防措施，学校应当对未成年人开展适合其年龄的性教育，提高未成年人防范性侵害、性骚扰的自我保护意识和能力；针对保护措施，对遭受性侵害、性骚扰的未成年人，学校应当及时采取相关的保护措施；针对矫正措施，对性侵害、性骚扰未成年人等违法犯罪行为，学校不得隐瞒，应当及时向公安机关、教育行政部门报告，并配合相关部门依法处理。与此同时，根据第四章"社会保护"第六十二条的规定，学校招聘工作人员时应当向公安机关、人民检察院查询应聘者是否具有性侵害、虐待、拐卖、暴力伤害等违法犯罪记录；发现其具有前述行为记录的，不得录用。应当每年定期对工作人员是否具有上述违法犯罪记录进行查询。通过查询或者其他方式发现其工作人员具有上述行为的，应当及时解聘。

家长、学校及社会各界应加强青少年性教育，使青少年具备与年龄相适应的性知识和技能，教导青少年要有明确的身体界限意识；帮助其理解尊重他人和自己的重要性，维护和尊重自我和他人界限的必要性，以及如果他们超越这些界限会产生的社会情感和法律后果；帮助青少年提高识别性骚扰的能力，并就性问题做出明智和负责任的决定；充分了解网络空间的有用性和危险性，处理好人际关系。同时，应向青少年灌输强烈的权利意识，即受到尊重、保护自己、如果他们是受害者不感到内疚或羞耻；当青少年感觉自己的人身安全有受到威胁的风险，或者当他们认为他们的同龄人受到暴力或有害影响时，应学会互相帮助，同时要向可信赖的成年人，如他们的父母、老师和学校辅导员等寻求帮助和咨询。如果青少年在生活、学习中遇到了性骚扰，首先要确定自己的感受，不管对方是善意、无意还是恶意的骚扰，只要你觉得不舒服，你应该告知你的界线让对方知道，例如明确地告知对方"我并不觉得这样很好笑"或"对不起，我不太喜欢你这样说 / 做，以后请不要这样了"，也可以视情况选择是要勇敢大声说"不"还是要婉转告知对方；或是要直接做出反抗，明确告知对方所做行为是性骚扰，要求对方停止该行为，不需要尝试跟对方解释或者回答对方的问题，或是请求旁人帮助。其次要有证据意识和权利意识，注意及时收集有关记录、录音录像、微信聊天记录、微信截图、来往邮件、同学证人证言等，作为对方骚扰的书面证据从而及时向公安机关报案；

如果青少年在校园中遭受或发现其他未成年人遭受性骚扰，应当及时向老师报告。无论是男生、女生，都需要清晰地了解自己的意愿，并且敢于在意愿遭到违背的时候，勇敢地发出反抗的声音保护好自己，维护自己的权利。

81. 性暴力有哪些危害？

性暴力是指"在任何地点发生的、由任何人强行施加的性行为、性行为企图或其他针对他人以性为特征的强迫行为，不论该行为人与受害人的关系如何。包括强奸，其定义为使用暴力强迫或其他强制方式将阴茎、身体的其他部位或物体强行插入阴部或肛门"。全球 2011 年研究提示20% 的女性和 8% 的男性在童年曾遭受性暴力。青少年身体处于发育的关键时期，其生理发育和心理发育都尚未成熟，如果在这个时期遭遇性暴力，不论是生理还是心理上，都是危害极大的。

(1) 生理上的危害：由于女生身体发育尚未成熟，性暴力容易造成外阴、阴道黏膜撕裂伤；处女膜撕裂造成大出血；更有甚者可以造成膀胱阴道瘘、阴道直肠瘘、意外妊娠、被迫人工流产（不安全流产）、泌尿系统感染、急性和慢性盆腔炎、不孕等严重不良后果；男生可能造成膀胱破裂、直肠穿孔等严重后果，甚至造成终身残疾。同时，可能会感染性传播疾病，如艾滋病、梅毒、淋病、尖锐湿疣等，给青少年身体造成极大的伤害。

（2）心理上的危害：青少年遭受性暴力后，不论是男生还是女生，都可能会对心理产生很大的影响，如创伤后心理压力紧张综合征、抑郁、焦虑、注意力不集中、失眠、厌食或暴饮暴食、低自尊、人际交往障碍，容易发生各种危险行为（药物滥用、自杀意念故意自我伤害、意外事故倾向等）。心理上的创伤可以一直延续到成年，成年后会常出现对身边的人不信任，缺少安全感，产生社交恐惧，甚至影响到婚后性生活的和谐和对爱人、孩子的态度，难以体验到生活的快乐，极端情况下女受害者还可能变成性从业者，男受害者可能会用"以其人之道还治其人之身"的方式报复社会。

因此，需要给予受害者们更多的关心和爱护，不要歧视，最好能够正面引导和陪伴她（他）们度过这个时期，重塑生活的希望。如果身边的人向您吐露自己受到的性侵害，首先我们要相信她（他），然后鼓励她（他）们拿起法律的武器保护自己。

82.未成年人发生性行为，两情相悦就没有问题吗?

青春期在心理学上被称为"关键期"，还被有些学者称之为"危险期"。这一年龄阶段各个方面都处于半成熟、半幼稚的阶段，在生理层面表现为第二性征出现，性发育逐渐成熟，开始出现性冲动；在心理层面表现为情感丰富，但不稳定，同时社会阅历浅，知识储备不足，求知欲增强，逆反心理重，性意识萌发，对异性有好奇心、尝试欲，富于幻想。随着社会观念逐渐开放、大众媒体的发展，影响着未成年人的性观念，同时家庭和学校性教育不到位，不少青少年认为只要是双方两情相悦就可以发生性行为，对于性道德和法律意识薄弱，性知识缺乏也导致对生理和心理产生不良影响。

在生殖健康层面，由于未成年生殖器官发育还未成熟，表面组织薄弱，使女生或男生生殖器产生损伤，女生容易发生阴道炎、泌尿道感染，甚至患性传播疾病，给身体和生活带来极大困扰。若在女生排卵期性交，容易怀孕，未婚女生会选择人工流产。人工流产不仅会引起一系列并发症，如感染、出血、子宫穿孔，以及今后的复发性流产，还会因为舆论压力和自责内疚，给女性带来严重的心理创伤，甚至影响婚后性生活。若选择早婚早育，会增加围产期并发症的发生率，给女性的生理和心理造成近期和远期影响，同时影响双方的工作和学习，也不利于抚养和教育孩子，影响着家庭的生活质量。

在心理层面，性行为往往在紧张的状态下发生，缺乏必要的心理准备，事后又因怕怀孕、怕暴露而产生恐惧感、负罪感和悔恨情绪，成年后可能会发生性欲减退、厌恶性生活、厌恶男性等不正常心理。男生与女生发生性行为，也会影响正常的生活，一方面担心女方怀孕而忐忑不安，另一方面可能对性生活时常向往，无心学习，造成学习成绩下滑。

在法律层面，根据《中华人民共和国刑法》第二百三十六条第二款规定，奸淫不满十四周岁的幼女的，以强奸论，从重处罚。需要我们注意的是，适用该条款的前提是"加害人知道或者应当知道对方是不满十四周岁的幼女"。与此同时，为了准确适用该条款，最高人民法院、最高人民检察院、公安部、司法部联合印发的《关于依法惩治性侵害未成年人犯罪的意见》第十九条规定，知道或者应当知道对方是不满十四周岁的幼女，而实施奸淫等性侵害行为的，应当认定行为人"明知"对方是幼女。对于不满十二周岁的被害人实施奸淫等性侵害行为的，应当认定行为人"明知"对方是幼女。对于已满十二周岁不满十四周岁的被害人，从其身体发育状况、言谈举止、衣着特征、生活作息规律等观察可能是幼女，而实施奸淫等性侵害行为的，应当认定行为人"明知"对方是幼女。因此，在小学和初中阶段，发生性行为有可能会触犯到刑律，对个人和家庭造成负面影响。

对于家庭和学校来说，需通过青少年能接受的教育方式，让未成年人正确认识青春期性生理和性心理的变化，对于产生的性冲动、性行为的意愿提供建议和支持。开展性道德教育，避免发生非自愿状态下的性行为；使未成年人了解性行为的不良后果，包括意外妊娠、性传播疾病。要让青少年知道，不发生性行为，是保护自己，是完全避免意外怀孕和发生性传播疾病的唯一途径。同时，要让青少年知晓与未成年人发生性行为导致的法律问题。

对于基层卫生工作者来说，对青少年进行性健康教育是义不容辞的责任，应利用新媒体手段，以青少年喜闻乐见的形式，向青春期的孩子传播正确的性观念、性发育知识、性病预防、意外怀孕的预防，甚至是未成年人性侵的相关知识，同时应对学校老师、家长们开设青春期课程讲座，与学校和家庭一起履行社会责任。

83. 未成年人犯罪真的不用坐牢吗？

2021 年 3 月份最高人民检察院发布了《2020 年全国检察机关主要办案数据》。其中全国检察机关共批准逮捕未成年犯罪嫌疑人 22 902 人，同比下降 27.3%。虽然同比下降明显，但是单看未成年犯罪嫌疑人的人数却依旧庞大。除此之外，我们在新闻媒体上了解到的各类未成年人犯罪案件让人触目惊心。例如，大连 13 岁男孩杀人案、萧山五少年杀人分尸案等，都让人哀叹和担忧"美好未成年人"沦落为"人间恶魔"。

根据《刑法》原第十七条规定，不满十四周岁的未成年人不承担刑事责任。2020 年 12 月 26 日公布、2021 年 3 月 1 日正式实施的《刑法修正案（十一）》通过修改条文的方式将 12—14 岁的未成年人纳入刑事责任范围之内，回应了此前沸沸扬扬的 13 岁少年杀人却不负刑事责任的社会舆情，使得漠视法律和挑战法律底线的未成年人最终可以被依法惩办。《刑法修正案（十一）》将刑法第十七条修改为："已满十六周岁的人犯罪，应当负刑事责任。已满十四周岁不满十六周岁的人，犯故意杀人、故意伤害致人重伤或者死亡、强奸、抢劫、贩卖毒品、放火、爆炸、投放危险物质罪的，应当负刑事责任。已满十二周岁不满十四周岁的人，犯故意杀人、故意伤害罪，致人死亡或者以特别残忍手段致人重伤造成严重残疾，情节恶劣，经最高人民检察院核准追诉的，应当负刑事责任。对依照前三款规定追究刑事责任的不满十八周岁的人，应当从轻或者减轻处罚。因不满十六周岁不予刑事处罚的，责令其父母或者其他监护人加以管教；在必要的时候，依法进行专门矫治教育。"负刑事责任意味着应受刑罚处罚。根据《中华人民共和国刑法》第三十三条主刑种类，主刑的种类如下：①管制；②拘役；③有期徒刑；④无期徒刑；⑤死刑。可见，不满 18 岁的未成年人，从年满 12 岁开始，犯《刑法》规定的严重罪行的，不仅会坐牢，还会有无期徒刑、死刑等刑法。

此外，最新修正的《预防未成年人犯罪法》于 2020 年 12 月 26 日公布，于 2021 年 6 月 1 日施行。此次修正明确说明预防未成年人犯罪要立足于教育和保护未成年人相结合，坚持预防为主、提前干预，对未成年人的不良行为和严重不良行为及时进行分级预防、干预和矫治。这种分级干预措施根据未成年人行为性质进行分类，根据人身危险性的高低进行预防和帮助，有利于在实践中及时发现和解决问题，更好地帮助未成年人，使他们不至于走上犯罪道路。《预防未成年人犯罪法》规定了国家、社会、学校和家庭在预防未成年人犯罪的职责和角色定位。首先应当对未成年人加强社会主义核心价值观教育，开展预防犯罪教育，增强未成年人的法治观念，使未成年人树立遵纪守法和防范违法犯罪的意识，提高自我管控能力。未成年人的父母或者其他监护人对未成年人的预防犯罪教育负有直接责任，应当依法履行监护职责，树立优良家风，培养未成年人良好品行；发现未成年人心理或者行为异常的，应当及时了解情况并进行教育、引导和劝诫，不得拒绝或者怠于履行监护职责。教育行政部门、学校应当将预防犯罪教育纳入学校教学计划，指导教职员工结合未成年人的特点，采取多种方式对未成年学生进行有针对性的预防犯罪教育。学校应当配备专职或者兼职的心理健康教育教师，开展心理健康教育，应当与未成年学生的父母或者其他监护人加强沟通，共同做好未成年学生心理健康教育；发现未成年学生可能患有精神障碍的，应当立即告知其父母或者其他监护人送相关专业机构诊治等。

84. 过早性生活有何危害？

青少年过早有性行为，尤其是女生会带来很多危害，具体包括以下方面：①影响学习：青春期正是学习知识的好时候，如果这个时候把时间花在谈恋爱上，会影响学习，耽误大好青春；②增加患妇科疾病风险：由于青春期女生生殖系统发育不成熟，外阴及阴道娇嫩，性交容易造成处女膜严重撕裂及阴道裂伤，发生大出血；抵抗力差，病原菌或污垢带入尿道，阴道易造成感染，宫颈癌发病率增高，18 岁以前有性行为，患病率比一般人高十几倍；③意外妊娠风险：青少年避孕知识不完善，过早性生活容易导致意外妊娠。怀孕后做人工流产可能会损伤子宫，导致宫腔感染、粘连、穿孔，月经紊乱，严重者还会导致结婚后不孕。

过早性生活对男生也会带来很多危害：①引发性功能障碍：由于青春期性器官尚未发育成熟，且未掌握正确的性知识，过早性生活耗损其精神处于紧张状态，易发生性功能障碍，成年后有早泄、阳痿、腰酸、易衰老等风险；
②易患男科疾病：不清洁和疲劳的性生活，心智不成熟，
容易纵欲过度，诱发前列腺疾病等男科疾病。

85. 少女意外妊娠有危害，如何避免？

2020年WHO统计，发展中区域每年有近1200万名
15—19岁少女和至少77.7万名15岁以下少女分娩；在发
展中国家，每年至少有1000万名15—19岁少女意外怀孕。
妊娠和分娩期间的并发症是全球15—19岁少女死亡的主要
原因。每年15—19岁少女中估计发生560万例流产，其中
390万例是不安全的，导致孕产妇死亡、发病和长期健康
问题。这些健康问题包括生殖道炎症、月经紊乱、手术出
血和生殖器官损伤、不孕等。未婚怀孕青少年面临的社会
后果可能包括遭受伴侣、父母和同龄人的侮辱、排斥或暴
力。在18岁以前怀孕的少女更可能在婚后或伴侣关系中遭
受暴力。青少年怀孕和生育往往导致女孩辍学，但这很可
能危及其未来的教育和就业机会。

因此，帮助青少年树立自我保护意识，学习科学避孕
的知识，预防意外怀孕、不安全流产和性传播性疾病的发

生非常重要。若青少年发生意外性行为，应及时到正规医院的青少年门诊进行咨询与检查，获得紧急避孕指导以及意外怀孕后的补救措施。避免意外怀孕的最好方法是避免性行为，避免男性将其阴茎置入女性阴道，一旦无法避免，那么就要使用避孕措施来降低怀孕概率。目前常用有以下三种避孕措施。

(1) 避孕套：可防止精子进入子宫与卵子结合，还有预防性传播疾病的作用，每次都必须全程正确使用。

(2) 短效口服避孕药：口服短效避孕药种类很多，如达英35、妈富隆、优思明等，从月经第1～5天开始服药，每天1片，连服1盒，不能漏服，停药1周内来月经，开始服下个月药。

(3) 宫内节育器：这是一种长效可逆措施，优选左炔诺孕酮宫内缓释系统（曼月乐环），月经第3天或月经干净3～7天内去医院门诊手术室放置，不需要时可去医院取出。

目前有一些无须使用药物和设备的避孕措施，如体外射精，即男性在射精前撤出；安全期法，即避开易孕期发生性交，通常计算方法是规律月经的女生预计下次月经前14天的这一天，前后1周时间为易孕期；目前有一些智能手机 APP 可帮助记录计算，但这些措施不太可靠，意外怀孕可能性非常大，不推荐作为常规避孕措施。

如果发生性交时未采取避孕措施或避孕失败（避孕套破裂或滑落、漏服避孕药等）怎么办？那就需要及时（72小时内）去药店购买口服紧急避孕药（米非司酮片或左炔诺孕酮片），越早服用效果越好。

避免意外怀孕不能依靠每次都吃紧急避孕药，会严重干扰内分泌功能，导致月经周期紊乱。

86. 如何识别早期怀孕？

怀孕（pregnancy，即妊娠）是指女性在体内孕育单个或多个胎儿的过程。怀孕是由于男女性交活动中，男方精液射入女方阴道内，精子依靠尾部摆动向子宫游弋，然后再进入输卵管与卵子结合形成受精卵，这一过程被称为受孕或受精。受精卵在输卵管内一边发育一边逐渐向子宫腔移动，最终到达子宫腔植入到子宫内膜里，并不断吸取营养逐渐发育为成熟的胎儿。特殊情况下，受精卵会附着和生长在子宫腔之外的部位（最常发生在输卵管），叫异位妊娠，也叫宫外孕。

怀孕最早期的症状就是停经。月经的来潮提示女性的生殖能力形成。当男女发生性活动后，若平时月经周期规则的女性出现停经，停经在 10 天以上应高度怀疑是否怀孕，即妊娠。早孕测定的方法通常有以下三种。

(1) 尿 hCG 测定：怀孕后 hCG（人绒毛膜促性腺激素）会升高，用早孕试纸放在受试者的尿液中，如白色显示区上呈现两条红色杠印线即提示怀孕。药店可以买到早孕试纸，或去医院检验。但需注意尿妊娠试验可能受到其他因素影响出现假阳性或假阴性的结果。

(2) 血 hCG 测定：正常妊娠的受精卵着床时，即排卵后的第 6 天受精卵滋养层形成开始产生 hCG，约 1 天后能检测到外周血 hCG。与尿 hCG 相比，血 hCG 更加准确，且可以更早地检测出妊娠，但必须去医院抽血。

(3) 超声检查：hCG 检查能帮助确定怀孕，但宫内宫外尚不确定。妊娠早期超声检查可以确定宫内妊娠，排除异位妊娠等其他疾病。

此外，也可以自己观察，如平时月经规律，逾期7～10天月经未来潮，如果有过性交的，就要想到怀孕可能；还有个别虽然没有停经，但本次月经量比平时明显减少，或者伴有腹痛等，也有可能是怀孕，所以应及时用早孕试纸自测或去医院排除怀孕。

87. 青少年离性传播疾病很远吗？

性传播疾病（sexually transmitted disease，STD）是特异性感染性疾病，由细菌、病毒、原虫感染导致的，大多通过性接触传播。主要有梅毒、淋病、生殖道沙眼衣原体感染、尖锐湿疣、生殖器疱疹，以及传播途径主要为性接触的艾滋病等。由于青少年认知成熟度较低，性行为较为活跃，初次性行为年龄不断提前，面临较高的 STD 感染风险。据 WHO 最新统计，全球每年有 3.57 亿例新感染的淋病、衣原体、梅毒、阴道滴虫病，超过 2.9 亿女性感染人乳头状瘤病毒（HPV）。据报道，2005—2015 年全球患有艾滋病的青少年数量增加 28%，若不加以控制，到 2030 年青少年 HIV 新发感染将从 2015 年每年 25 万例新增加到每年近 40 万例。2015 年以来，青少年艾滋病患者人数逐年上升，2017 年上半年新发的 HIV 感染者及艾滋病患者共 68 969 例，其中 15 岁以下 400 例。2020 年全国新报告 15—24 岁病例近 3000 例，性传播疾病占 98.6%。虽然性传播疾病通常是由于与受感染的性伴侣发生经阴道、口或肛门的性行为而引起，有些性传播疾病也可通过其他方式传播，包括接吻或亲密身体接触，如阴虱侵染、疥疮和传染性软疣；母婴传播，如梅毒、疱疹、衣原体感染、淋病、HIV 感染和 HPV 感染；母乳传播，如 HIV 感染；污染的医疗器械传播，如 HIV 感染等。

青少年感染 STD 将对个人产生严重的心理负担、生理危害，近期影响有生殖道炎症、溃疡等，严重影响生殖健康。当性传播疾病未得到及时诊断治疗，会产生更严重的并发症，如梅毒引起的心血管（心脏和血管）和脑感染；HIV 导致的艾滋病；HPV 导致的宫颈癌、直肠癌、肛门癌和喉癌等，严重危害身体健康生命安全，也会造成医疗费用增加等社会危害。

防控性传播疾病主要在于引导青少年自身树立良好的性观念，避免过早发生性行为，采取安全性行为，正确使用质量可靠的避孕套，有身体及生殖器等可疑症状时及时到正规医院就医，做到早发现、早治疗。家长、学校、社区及医院关心青少年健康，适时提供性健康知识、预防性传播疾病、避孕等信息和青少年友好服务。

88. 青少年 HIV 感染现状如何，避免 HIV 感染的措施有哪些？

据全球资料提示艾滋病已成为 10—19 岁青少年第二死因。2018 年全球有 160 万青少年感染 HIV 而且许多人不知道自己感染，19 万新发感染，其中少女超过 3/4。我国青少年 HIV 感染人数也在上升，2011—2015 年，除检测增加的因素，中国 15—24 岁的青年学生中，HIV 感染者人数年均增长率达 35%，其中 65% 的感染发生在 18—22 岁期间，96% 为通过性传播感染，尤其是男同性性行为。全球致力于在 2030 年前终结艾滋病，故需更多关注青少年和年轻人的 HIV 感染的预防。

艾滋病在医学上被称为获得性免疫缺陷综合征（acquired immune deficiency syndrome，AIDS），因此人们又把艾滋病病毒称为人类免疫缺陷病毒（human immuno deficiency virus，HIV）。HIV 主要攻击人类的免疫系统，导致免疫力缺陷从而引起多种疾病甚至死亡，是世界上最棘手的医学难题之一，目前尚不能治愈，也没有疫苗预防。那么如何避免感染呢？先了解其传播方式很有必要。

HIV 传播方式有三种：性传播、血液传播和母婴传播。

HIV 存在于人体的精液、阴道分泌液，如果与 HIV 携带者发生无保护性的性行为即可传染。输入被 HIV 污染的血液或血液制品，使用被 HIV 污染且未经严格消毒的、可刺入人体的针具和医疗器械等都可能感染 HIV。感染 HIV 的妇女可通过怀孕、分娩、哺乳把病毒传染给孩子。艾滋病的传播需要满足以下条件：①有 HIV 排出体外；②排出的病毒具有活性；③排出的病毒要达到一定数量；④排出的病毒进入体内。日常生活中要同时满足上述条件，概率极小。并且 HIV 被排出体外后非常脆弱，可以但不易于在外界环境中存活，对化学消毒剂如漂白粉、酒精、碘伏等敏感。所以日常生活接触如握手，拥抱，共用餐饮具、卧具、马桶、浴盆、劳动工具、游泳池、公共浴池，蚊虫叮咬、咳嗽、打喷嚏等不会传播艾滋病。因此，防止 HIV 感染与传播需要注意以下六个方面。

(1) 加强自我保护意识，洁身自好，避免高危性行为，遵守性道德是预防经性传播 HIV 感染的根本措施。

(2) 正确使用避孕套，不仅能防止非意愿怀孕，还能减少感染艾滋病、性病的危险。

(3) 不与陌生人分享可能被血液、精液或其他体液污染的个人物品，如牙刷、剃刀、注射器等。

(4) 拒绝毒品，切勿与他人共用注射器。

(5) 医疗时使用经严格消毒的注射器及检查、治疗器械进行有损伤的操作，如洗牙、拔牙、抽血、文身、手术等，避免使用未经消毒的医疗器械。

(6) 若怀疑被 HIV 感染，应及时去疾病预防控制中心或医疗机构进行 HIV 检测。

89. HIV 感染后有补救办法吗?

我们常说的感染艾滋病实际上是指感染了 HIV，表示感染者体内存在 HIV，并不表示感染者就是艾滋病患者。如果感染者没有 AIDS 这个综合征的一系列免疫力缺陷的临床表现，如低热疲乏、真菌感染、罕见机会性感染或恶性肿瘤等，不能称其为艾滋病患者（AIDS 患者），而是 HIV 感染者。从感染 HIV 到出现系列临床症状成为艾滋病患者的这段时期，医学上把它称为潜伏期。这个潜伏期受感染途径、病毒量及个人体质、环境等因素影响，一般是 4～8 年，短者可能是半年，长者可能是 20 年，甚至可能终身都不发病。当感染者不发病的时候，看起来与健康人一样，但是传染性和艾滋病患者一样，甚至因为其隐秘性，比艾滋病患者对人群的危害更大。近年我国艾滋病感染者中 15—24 岁青少年的比例上升很快。全国每年有 3000 多例学生感染 HIV，在新发感染者中占比约 1/4，远远超过了国际艾滋病"重灾区"10% 的红线。青少年已经是 HIV 感染的高风险群体。

如果意外感染 HIV 时，怎么补救呢？首先，要学会识别艾滋病高危人群，主要有男同性性行为者、静脉注射毒品者、与 HIV/AIDS 患者有性接触者、多性伴人群和性传播疾病感染（STI）者。其次，如果有接触等暴露风险，则要及时进行咨询和检测，如某人本身是高危人群，或与高危人群有过不带避孕套的高危性行为，或有血液的接触，如共用注射器、针头等情况。中国疾病预防控制中心性病艾滋病预防控制中心官网上可以查询到全国的艾滋病检测机构，如各地的疾控中心、妇幼保健机构或县级以上医院等，有些大学也有投放艾滋病检测试剂，可以按照提示自助匿名检测。最后，根据医生建议及时服用阻断药，降低 HIV 感染风险。首次服药时间不超过暴露后 72 小时，服药时间越早，保护效果越好；服药周期为 28 天。具体服药机构、药物和用法可以咨询当地疾控中心。足量、足程用药者可阻断 80% 的感染风险，但因为药物有一些不良反应，所以只能在紧急情况下使用，不能替代常规的艾滋病预防和保护措施。一旦确诊感染了 HIV，可以抗病毒治疗。最后还是要提醒青少年朋友们洁身自好，做好预防，才是防止 HIV 感染的根本途径。

90. 青少年接种 HPV 疫苗就可以预防宫颈癌了吗？

宫颈癌又称子宫颈癌，是妇科常见的恶性肿瘤之一，也是目前唯一的病因明确、可早发现早预防的癌症。研究表明，造成宫颈癌发生的因素多种多样，其中包括过早发生性生活、早婚、早育、多产、密产及性生活混乱等因素，最主要的发病原因是人乳头状瘤病毒（HPV）感染。目前国际国内都形成了宫颈癌三级防治体系：一级预防指排除病因和高危因素，接种 HPV 疫苗是主要手段；二级预防是对宫颈癌前病变的筛查和处理；三级预防是对宫颈筛查的阳性患者进一步检查和治疗，把病变阻断在癌前或是癌症早期。

HPV 主要是通过性行为快速传播，大部分有性生活的男女都有感染 HPV 的可能。HPV 疫苗是人类第一个用于预防恶性肿瘤的疫苗，接种 HPV 疫苗是目前预防宫颈癌最直接、最有效的方法。相关调查显示：全球青少年首次性行为的平均年龄提前到 15.4 岁，加上青春期体内性激素水平上升会使宫颈局部柱状上皮外移，容易被 HPV 感染，对没有性活动青少年接种效果最好。9—14 岁是 HPV 疫苗接种的最佳年龄。目前国内上市 HPV 疫苗有三种，其中二价 HPV 疫苗和四价 HPV 疫苗，能够防控 70% 的宫颈癌风险。四价疫苗可对抗 HPV16 和 HPV18、HPV6 和 HPV11 的感染，其中 HPV6 和 HPV11 亚型毒株是 90% 生殖器疣的元凶。九价 HPV 疫苗，在四价 HPV 疫苗基础上又增加了五种新的 HPV 类型，包括 HPV31、HPV33、HPV45、HPV52 和 HPV58，可以预防 90% 的宫颈癌风险。在疫苗的接种年龄方面，二价 HPV 疫苗国内批准的可接种对象为 9—45 岁的女性；四价 HPV 疫苗国内批准的接种为 20—45 岁女性；九价 HPV 疫苗适用于 16—26 岁的女性，目前我国接种年龄已放宽至 9—45 岁。

那么接种了 HPV 疫苗还需要做宫颈疾病筛查吗？答案是肯定的。无论是否接受 HPV 疫苗接种，均需要定期进行宫颈疾病筛查。接种 HPV 疫苗不能取代目前现有筛查方法，也不能取代子宫颈组织学检查。因为 HPV 疫苗仅有一级预防的作用，目前 HPV 的治疗性疫苗尚未广泛应用。有过性生活的女性，应该定期做病毒筛查，HPV 感染到发展为宫颈癌需要一定的致病时间，建议筛查阴性者每 3～5 年复查一次，筛查阳性者每年复查一次。宫颈 HPV 感染是一种性传播疾病，HPV 疫苗的防护效果有限，应提倡健康生活方式，通过正规途径学习和了解性传播疾病的传播途径、疾病表现、危害性、治疗及预防措施等，特别是青少年更应树立自我保护意识，积极预防疾病的发生。

91. 为什么要投资青少年?

青少年时期是婴幼儿期后儿童逐渐向成年人迈进,人生发展的第二个关键时期,所形成的健康习惯和行为模式将伴随一生。我国也高度关注全社会对青少年成长的关心程度,青少年是国家的未来,少年强则国家强。投资青少年对于现在和将来都是非常重要的。WHO 也提出,对青少年每投资 1 美元,未来会有 10 倍健康、社会和经济回报。单就健康就有三重收益惠及三代人,即现在的青少年、未来的成年人及其儿童。

青少年健康是社会可持续发展的基础，投资青少年意义深远。对青少年健康有三重收益，具体而言，体现在三个方面：一是当下健康的青少年，即投资青少年可促进其养成积极健康的行为，为建立影响终生健康行为奠定基础。重视各种疾病的积极预防，对于青少年常见的精神障碍、意外伤害和性传播感染等早期诊断和给予治疗，减少疾病负担。二是健康的成年人，帮助青少年养成健康行为习惯，制订健康查体规划，掌控合理的饮食结构，营养均衡，控烟限酒，体重适中；积极体育锻炼，参加有氧运动；将爱护环境成为自觉的行为，减少有害环境和行为的暴露，如有性生活则正确使用避孕套；懂得计划开支，不乱花钱，减少成年后的发病率、伤残和过早死亡，从而提高国家整体健康水平。三是健康的下一代，促进青少年期身心健康发展的延展效益，能够帮助保护未来后代的健康。建立和谐的家庭，有处理和解决矛盾冲突的能力、安全疫苗接种和营养补充；减少接触铅或汞接触、预防少女意外妊娠、做好婚检孕检，避免妊娠间隔过短，有良好的宫内环境，减少疾病暴露风险等。

92. 从全球范围看青少年健康面临挑战和主要健康问题有哪些?

青少年形成的健康习惯和行为模式将伴随一生, 尽管大多数青少年的健康状况良好, 但仍会面临着来自意外伤害、暴力、疾病以及死亡的威胁。2019 年 WHO 资料表明青少年死因顺位是道路交通伤害、腹泻、结核、暴力和自我伤害。而且, 青少年在此重要阶段心理健康问题常被忽视, 有些态度、行为和价值观等增加其未来疾病和失能风险。有限的法律政策、家长的控制、局限的知识、距离、花费、缺乏保密及保健提供者偏见等都可能阻止青少年去获取其需要的服务。此外, 青少年更容易受同伴压力、社交媒体等影响。

从全球视角来看, 2021 年 WHO 官网发布的《青少年和青年健康》一文指出, 青少年面临的主要健康问题包括以下九方面。

(1) 伤害: 意外伤害是导致青少年死亡和残疾的主要原因。

(2) 暴力: 人际暴力是全球青少年死亡的第四大原因。根据全球基于学校的学生健康调查, 42% 的青春期男孩和

37% 的青春期女孩曾遭受霸凌。暴力还增加了伤害、HIV 和其他性传播感染、精神健康问题、学习成绩差和辍学、早孕、生殖健康问题以及传染性和非传染性疾病方面的风险。

(3) 精神健康：抑郁症是导致青少年患病和残疾的主要原因之一，自杀是 15—19 岁人群的第三大死亡原因。精神健康状况占全球 10—19 岁人群疾病和伤害负担的 16%。50% 的成人期精神健康障碍始于 14 岁，但大多数病例未被发现或未得到治疗。

(4) 烟草、酒精和吸毒：会影响青少年神经认知发育，这会导致日后生活中的行为、情感、社会和学业出现问题。

(5) 艾滋病与 HIV 感染：据估计，全球 2019 年有 170 万青少年（10—19 岁）感染了 HIV，新感染人数虽然从 1994 年的高峰大幅下降，但仍约占成人 HIV 新感染人数的 10%。

(6) 其他传染病：据估计，腹泻和下呼吸道感染（肺炎）是 10—14 岁青少年的十大死因之一。人乳头状瘤病毒（HPV）感染通常发生在性活动开始后，可能会导致青春期的短期疾病（生殖器疣），更重要的是，数十年后还会导致宫颈癌和其他癌症。

（7）早孕与过早生育：全球 15—19 岁女孩的主要死因是妊娠和分娩引起的并发症。

（8）微量营养素缺乏、营养不良和肥胖：一方面，发展中国家的许多男孩和女孩进入青春期时营养不良、疾病和过早死亡；另一方面，在低收入、中等收入和高收入国家，超重或肥胖青少年人数正在增加。

（9）缺乏运动：WHO 建议青少年每天至少累计有 60 分钟中等至剧烈强度的身体活动，全球范围内，估计只有 1/5 的青少年符合这些标准。

93. 国际组织青少年健康框架内涵及促进措施有哪些？

青少年良好健康是指没有疾病和衰弱状态。逐渐培养青少年本身应对日常学习和生活中的问题，并在逆境困难时获取维护和恢复健康资源的能力。

WHO 对于青少年健康的框架主要包括五个维度：一是良好的健康状态和最佳营养状态，具有获得有效信息的能力和可负担得起保健服务，具有健康的环境和体育活动的机会；二是安全和支持性环境，具有情感和人身安全，能被公平对待，不受歧视，隐私保护，具有支持性的法律和政策；三是与社会联结，积极的价值观和对社会的贡献，具有人际交往能力，能与他人建立积极、有意义的关系，能受到他人重视和尊重，被接受，有机会参与决策，培养个人责任感和正直道德观；四是学习、能力、教育、技能、就业，有学习的机会和持续学习的动力，有生活技能和就业能力，有自信心；五是维系健康的动力和对外界压力的承受力，具有自尊心、能动性、自我身份认同和目标感，对逆境具有一定的抗压能力。

全球有关证据证明有效促进青少年健康的措施有 8 项（表 9 ）。

表9 循证青少年健康干预措施一览表

积极发展	<ul><li>面向青少年的卫生服务</li><li>促进健康的学校</li><li>卫生和营养干预措施</li><li>儿童在线保护</li><li>促进健康教育的电子卫生保健和移动卫生保健干预措施以及由青少年参与自身的保健</li><li>育儿干预措施</li><li>青少年的参与以及促进能力、信任、联系、性格和关爱的干预措施</li></ul>

（续表）

意外伤害	• 关于饮酒年龄、血液酒精浓度、安全带和佩戴头盔、获得驾驶执照的法律 • 减缓车速和安全措施 • 院前和院内医疗 • 社区活动和个人干预措施，旨在促进与安全驾驶有关的行为变化和鼓励行为变化的良好法律 • 人群、社区为基础和个人层面的溺水预防措施 • 评估和管理受到意外伤害的青少年，包括与酒精相关的伤害 • 基础设施的设计和改进 • 车辆安全标准
暴力	• INSPIRE 策略，旨在预防和应对侵害儿童和青少年的一切形式的暴力 • 实施和执行法律：禁止暴力处罚、性虐待和剥削儿童入罪，预防酒精滥用，限制青年人获得火器及其他武器 • 规范和价值观：改变依从性限制以及有害的性别和社会规范，社区动员规划，旁观者出面干预 • 安全环境处理"热点问题"，制止暴力的蔓延，改善建筑环境 • 收入和经济强化：现金补贴、集体储蓄和贷款、小额信贷 • 回应和支持服务：筛查和干预措施、咨询和治疗方法、针对少年罪犯的规划、寄养干预措施 • 教育和生活技能：扩大学校招生面、安全和促进性的学校环境，生活和社交技能培训

性和生殖健康，包括 HIV	• 综合性性教育 • 综合性的性和生殖健康信息、咨询和服务，包括避孕 • 预防和应对有害的做法，如女性生殖器切割以及早婚和逼婚 • 与青少年相关的孕前、孕期、分娩、孕后、堕胎（在合法的情况下）和堕胎后护理 • 预防、检测和治疗性传播感染和生殖道感染，包括 HIV 和梅毒 • 在 HIV 普遍流行的国家实施男性自愿包皮环切手术（VMMC） • 携带或接触 HIV 儿童（包括青少年）的综合护理
传染病	• 预防、检测和治疗传染病，包括结核病 • 常规疫苗接种，例如 HPV 疫苗、乙型肝炎疫苗、白喉 – 破伤风疫苗、风疹和麻疹疫苗 • 预防和管理儿童期疾病，包括疟疾、肺炎、脑膜炎和腹泻 • 脑膜炎病例管理
非传染性疾病、营养和身体活动	• 结构、环境、组织、社区、人际和个人层面促进健康行为的干预措施（例如营养，身体活动，杜绝烟草、酒精和毒品） • 预防、检测和治疗非传染性疾病 • 预防、检测和管理贫血，尤其是对青少年女童；酌情补铁 • 先天性异常和残疾儿童的治疗和康复

（续表）

心理健康、物质使用和自我伤害	• 发育迟缓儿童的护理 • 有针对性的护理和刺激 • 促进青少年心理健康和福祉的社会心理支持和相关服务 • 酌情开展家长技能培训，用于管理青少年的行为障碍 • 结构、环境、组织、社区、人际和个人层面预防物质滥用的干预措施 • 发现和管理危险和有害的物质使用 • 结构、环境、组织、社区、人际和个人层面预防青少年自杀的干预措施 • 管理自我伤害和自杀风险
人道主义和脆弱环境中需要高度重视的情况	• 评估各种情况并根据年龄、性别、体重、身体活动水平及其他关键因素确保青少年有足够的营养 • 在紧急情况下支持残疾青少年的核心卫生服务 • 对当过童兵的儿童进行体检，并对性暴力和（或）基于性别的暴力幸存者提供临床管理和基于社区的社会心理支持 • 性和生殖健康方面最低程度的初步一揽子服务 • 安全获得、使用和维护厕所；月经卫生管理的材料和设施，以及改进供水、环境卫生和个人卫生的其他干预措施 • 通过正常的青少年娱乐活动、重新开始正式或非正式教育以及参与有目的和具体的共同兴趣活动，促进心理健康 • 青少年精神、神经和物质使用病症的心理急救和一线管理

此外，促进青少年健康还应在以下五个方面做好防护。

(1) 预防伤害：临床评估和处理伤害；对家庭暴力和性侵害的识别、健康教育和回应性保健服务；注重交通安全相关法律规定；预防溺水；预防体育活动相关损伤；预防青少年暴力，以及预防对儿童暴力的相关法律制订。

(2) 心理健康：做好满足生理和心理需求的积极照护（回应性照护）及刺激大脑的链接和反应；提高沟通技能，预防校内霸凌；进行膳食不均衡的干预；对抑郁和焦虑进行心理认知疗法；预防自杀干预；对发育延迟和情感与行为问题的早发现、早干预；改善学校环境；管控情绪和压力管理。

(3) 性生殖健康：健康教育和保健服务；进行全面性教育，提供可及的避孕措施；预防非意愿过早妊娠，以及干预性高风险行为；性传播性疾病防治；对性伴暴力及性侵犯的识别；健康教育和保健服务；预防 HIV 传播，包括母婴传播等。

(4) 孕产期保健：关注意外怀孕青少年的孕前、孕期、分娩和产后保健服务。

(5) 营养和卫生保健等：促进健康营养的干预措施；预防和管理肥胖；微量元素补充等；养成良好的卫生习惯，

口腔保健和眼保健；防止滥用药物，预防烟草、酒精滥用并给予干预处理；预防、检测和治疗（包括肺结核等）传染性疾病。

学校作为青少年健康促进的重要场所，WHO 提出的健康促进学校的要求，具体包括以下八个方面。

(1) 政府政策和资源：政府投资致力于使每一所学校成为健康促进学校。

(2) 学校政策和资源：学校投资致力于使整个学校成为健康促进学校。

(3) 学校治理与领导：整个学校的治理与领导模式支持健康促进学校。

(4) 学校和社区联动：学校与当地社区加强合作，建设健康促进学校。

(5) 学校课程：学校课程支持学生健康和幸福，包括身体、社会、情感和心理等方面。

(6) 学校社会情感环境：学校有一个安全的，支持性的社会情感环境。

(7) 学校物理环境：学校有一个健康、安全、有保障和包容性的物理环境。

(8) 学校保健服务：所有学生都能获得全面的校内或学

校相关的保健服务，满足他们的身体、情感、心理和教育保健需求。

94. 我国青少年主要健康问题有哪些？

目前影响我国青少年健康的主要问题集中在营养及发育相关问题、精神心理问题、性与生殖健康、意外伤害、视力不良、龋齿问题及烟酒问题。

(1) 营养与生长发育问题：在校青少年中重度营养不良已极少发生，但仍有一定比例的低体重检出，超重和肥胖的检出率逐年攀升，营养不良和营养过剩同时存在。

(2) 精神心理问题：焦虑症和抑郁症是 10—19 岁群体中最为常见的心理健康问题，成为增加疾病负担的第五位和第七位原因，其中 10% 有网络成瘾。

(3) 性与生殖健康：发生婚前性行为和非意愿妊娠的比例逐渐增高，文献所示某些区域 15 岁以上者发生过婚前性行为＞20%，在发生首次性行为时未采取避孕措施＞51.2%。有过性行为的 15—24 岁未婚女性中 21.3% 有过妊娠经历，其中 86.0% 以人工流产告终。对各项性与生殖健康知识的正确知晓率均小于 50%。另一严重问题是性传播疾病的发病风险攀升，2008—2017 年 HIV/AIDS 的发病顺位由第 12 位上升至第 5 位，自 2014 年起 HIV/AIDS 已替代狂犬病成为传染病的第一死因。

(4)意外伤害：10—19 岁首位死因是道路伤害，0—14 岁青少年首位死因为溺水。

(5)视力不良：户外活动不足、课业负担重（如家庭作业时间过长）和睡眠不足使得近视检出率居高不下，检出率呈低龄化趋势，1985 年 7—18 岁近视检出率约为 25%，2014 年增长至 57.2%，18 岁群体近视检出率由 50% 增长至接近 80%。

(6)龋齿：2016 年全国学生常见病及健康危险因素监测结果可见，28% 的 12 岁儿童乳牙龋与恒牙龋并存，距离《"健康中国 2030"规划纲要》中患龋率控制目标有一定差距。

(7)烟酒：中国吸烟者超过 3 亿，20 岁以前开始每日吸烟者＞50%。男生普遍比女生多，2003—2013 年间 15—24 岁者，过去 30 天内至少有一次自我报告吸烟率的男生从 16.0% 增加到 23.5%，女性从 0.4% 增加到 1.1%；过去 30 天酒精使用率在 15—18 岁男、女生中分别为 36.5% 和 21.2%，在 12—15 岁男、女生中分别为 23.6% 和 15.3%。

(8) 睡眠：《2019 中国青少年儿童睡眠指数白皮书》显示，全国 6—17 岁青少年中有 62.9% 睡眠时间不足 8 小时，13—17 岁睡眠时间＜8 小时占比达到 81.2%。2022 年研究报告也显示，14—19 岁中熬夜者（73.5%）所占比例最高。

95. "健康中国 2030" 与新 "两纲" 关注的青少年健康的任务有哪些？

青少年是国家的未来和民族的希望，促进青少年健康也是实施健康中国战略的重要内容。从党和国家事业发展薪火相传、后继有人的战略高度来讲，也要高度重视青少年健康成长。《"健康中国 2030" 规划纲要》提出如下青少年健康要求。

(1) 目标：学校体育场地设施与器材配置达标率达到 100%，学生体质健康标准达标优秀率 25% 以上。15 岁以上人群吸烟率降低到 20%；12 岁儿童患龋率控制在 25% 以内。

(2) 任务：①以中小学为重点，建立学校健康教育推进机制，加强对学校、幼儿园等机构营养健康工作的指导；

②强化社会综合治理，以青少年、育龄妇女及流动人群为重点，开展性道德、性健康和性安全宣传教育和干预；加强对性传播高危行为人群的综合干预，减少意外妊娠和性相关疾病传播；③实施青少年体育活动促进计划，培育体育爱好，基本实现熟练掌握1项以上体育运动技能，确保在校内每天体育活动时间不少于1小时。每周参与体育活动达到中等强度3次以上；④加强近视、肥胖等常见病防治，加强口腔卫生。

《中国妇女发展纲要》和《中国儿童发展纲要》简称新"两纲"，提出了如下2021—2030年青少年健康发展要求内容。

(1) 目标：小学生近视率降至38%以下，初中生近视率降至60%以下，高中阶段学生近视率降至70%以下；中小学生国家体质健康标准达标优良率达到60%以上；

(2) 任务：①针对青春期的健康需求，提供全方位健康管理服务；普及生殖道感染、性传播疾病等疾病防控知识。促进学生掌握生殖健康知识，提高自我保护能力，适龄儿童普遍接受性教育，明显提高儿童性健康服务可及性等；②学校教育不同阶段以多种形式开展科学、实用的健康教育，增强儿童体质，儿童新发近视率明显下降；③在心理健康和精神卫生服务体系建设中，重点关注青春期等人群的心理健康。

96. 青少年友好服务的主要内涵是什么？

青少年友好服务（youth friendly service）的概念是20世纪90年代末由WHO提出的，指以青少年为中心，提供的各种公平、可及、可接受、适宜、综合性且有效的生殖健康服务。它是促进青少年青春期生殖健康的一项重要措施，包括友好政策、友好的服务程序、友好的医疗保健服务人员、友好的辅助工作人员、友好的医疗设施、青少年参与、社区参与、以社区为基础的外展和同伴服务、适宜的综合性服务、有效并高效的服务。

《中国儿童发展纲要》对青少年友好服务的任务定义为，开展民主、文明、和谐、平等的友好型学校建设；开展儿童友好城市和儿童友好社区创建工作。鼓励创建社会政策友好、公共服务友好、权利保障友好、成长空间友好、发展环境友好的中国特色儿童友好城市。

青少年健康需求不同于成年人，更需要心理和社会支持、预防和健康促进的相关服务。青少年友好服务是将"友好"的理念和做法渗透到服务的各个环节一个概念。任何友好服务机构不可能同时满足以下所有特征，但是必须满足最关键的两点：服务提供者应当是中立/非评判的态度和能够保护青少年的隐私。

WHO 在 2002 年的出版物中对青少年友好服务的特征进行了概述，包括以下内容：①在对青少年友好政策方面，包括符合联合国《儿童权利公约》中制定的权利，关注弱势人群的特殊需求，不因性别、残疾、民族、宗教、年龄等因素而限制向青少年提供服务，保密和保护隐私，鼓励青少年的自主权，由自己同意接受诊治，提供免费或可负担得起的诊疗服务等；②在对青少年友好服务过程方面，包括有挂号和医疗记录保管与检索方便、保密，等候时间短，有需要时可及时转诊，无论有没有预约，都可以向青少年提供诊疗服务；③在友好医疗服务人员方面，包括对青少年面临的问题有深刻的理解，能根据个体情况提供健康促进和适宜的预防、治疗等服务，技术上胜任，并擅长人际交流与沟通，非评判、周到、值得信任，服务的时间充足，尊重平等对待所有青少年并提供适宜的信息与支持使其能够做正确、自由的选择，满足自己独特的需求；④在青少年友好辅助工作人员方面，需理解和关心青少年，能平等、尊重地对待所有青少年，并有能力、有积极性和很好的支持系统。在青少年友好的门诊设施方面，确保环境安全、地点方便、氛围有吸引力，门诊时间方便青少年就诊，做到保密和不歧视，并提供信息和教育资料；⑤在青少年参与方面，鼓励了解自身的权利及尊重他人的权利，并参与提供与评估。在社区参与方面，鼓励父母与社区支持青少年友好服务，以社区为基础、外展和同伴服务方式增加青少年友好服务的覆盖面和可及性；⑥在提供适宜、有效、高效的服务方面，面向青少年生理健康、心理健康、社会适应与发育的需求提供全面的服务并在必要时转诊到相关的服务，采用循证医学的指南来指导服务，提供核心服务包必需的设备、药品储备和基本服务并有提高服务质量的程序；开发与利用信息管理系统提高管理效能。

97. 青少年友好服务可从哪些方面开展？

世界卫生组织就如何做好青少年友好服务，在不同层面提出了以下要求，我们也应当努力参考实践。

(1) 政府机构：卫生统计中将青少年作为单独的人群，

促进他们参与设计与其相关的卫生政策和规划，确保可以通过法律和政策维护的权利和尊严。支持卫生专业人员参加青少年健康专题培训，让青少年能免费获取或可承担费用范围内的医疗保健服务。

(2) 卫生机构：包括中心、区域、基层各级应为青少年营造温馨和安全的气氛，让他们感到受欢迎并可以安全就医；主动为专业人员提供青少年健康专题培训渠道，并列入机构的年度培训计划。

(3) 医务人员：认识到青少年具有独特性，并需要提供适合特点并满足需要的良好卫生服务。应掌握沟通的技巧，确保可以沟通到位，并鼓励和引导他们直言不讳，尊重隐私并为其保密；应能够提供对症指导和处理，做好随访。

(4) 青少年个体：应该对自身健康负责，有问题及时规范就医。主动了解如何获得当地卫生服务，有权要求卫生工作者提供进一步信息，以便自己做决定；主动了解自己的隐私和保密权；如果遇到歧视或粗暴对待，可告诉自己信任的成年人寻求帮助；有权根据医疗点如何更友好地为自己提供服务提出建议。

98.为青少年提供咨询服务应该注意哪些方面？

咨询服务目的是提供科学的健康知识和指导，增强自我保健的意识，促进并帮助掌握身心健康发展过程中必要的生活技能，提高处理问题的能力。为青少年提供咨询服务的帮助青少年能正确评价自己，提高行为的自律能力，以形成健康的行为和生活方式；并遵循青少年友好服务的原则，根据需求提供有别于成年人的咨询服务。

(1) 服务方式：面对面交流并不是唯一或最优选择，鉴于青少年害羞、对自身隐私保护等原因，可以采用网络或热线电话等灵活多样的咨询服务方式，使他们可以有效避开传统心理咨询模式的弊端，解决面对面咨询的困惑。

(2) 诊所设施：咨询门诊的地点应选择远离学校，以免因碰到熟人而造成的尴尬，有利于隐私的保护。当然也不能离学校太远，否则不方便遇到问题再前去复诊。

① 由于服务对象多数是在校学生，建议门诊的开诊时间是双休日或假期。为避免就诊时产生不适和紧张感，门诊布局、装饰应符合青少年的审美观念，给以温馨的感觉。

诊所可提供健康宣传资料和播放宣传视频，在等候同时提供给学生有关青春期相关健康知识。

② 保密和不歧视青少年。服务环境和过程的保密性应当成为健康服务中最重要的内容，在开始咨询前就应该交代有关保密事宜，以减少在谈论隐私时的担心和不适。

(3) 服务提供者：应与服务对象建立良好的关系，营造和谐的氛围。可通过打招呼、握手介绍自己。为减少青少年的紧张情绪，可以先谈论学校、爱好等话题，帮助了解咨询者的个人特征和思想。具体可采取以下方式。

① 服务提供者始终保持中立和非批判的态度，表达共情和理解。避免说教式的谈话和指责性的话语。当然这些并不是不指责服务对象的危险的行为，而是表达对这些危险行为的担心，即把握有度，告知有关健康的风险，而不是批判这些行为。例如，在为有吸烟、喝酒行为的抑郁青少年提供咨询服务时，可以询问烟酒是否可以缓解他们的痛苦感受，想解决什么问题？而不是立即批评指责"吸烟、喝酒是错误的"。

② 注意运用人际交流与沟通的技巧，注意非语言交流。适当使用肢体语言，可有手势但不能太多；采用

相同的体位，目光注视对方头部轮廓；面部表情与交流内容一致，应面带微笑，但不能太夸张。注意空间距离，交流时双方间隔 1m 左右，双方最好没有阻隔物，如使用咨询桌，建议用偏低高度的小圆桌。注意说话方式（副语言），多使用柔和及肯定语气，态度和蔼，语速和音量适中。学会利用艺术手法，受过训练的咨询师可以尝试在咨询治疗中使用各种辅助技巧，如运用表达性艺术题材，通过媒材的创作历程和创作的作品，能够表达出服务对象的内在心象，释放出被语言文字所压抑的情感。创作的过程还可以为服务对象带来疗愈的作用。

(4) 服务需方：希望由相同性别的医生接待自己，尤其是年轻一些（20—40 岁）的服务人员，他们了解文化背景敏感，交流时适应文化习俗并应给予尊重。

(5) 老师和家长：明确青春期是生理和心理变化剧烈的阶段，比其他年龄段更容易敏感，更容易与周围的人和环境发生冲突。他们某些过激的行为不是病态。在沟通的内容方面，讲道理仅占 5%，情感应占 95%。

沟通需要真正的平等，尊重青少年的自尊心，不要将想法和权力强加给他们。应避免给他们贴上"小混混"或"麻烦制造者"等标签，以免伤害他们的自尊心。增强青少年对自我问题的认同感，积极倾听他们的想法和需求，表达同理心，并保持良好的沟通。

(6) 服务政策：鉴于服务需方的收入有限，咨询服务提供机构最好能提供免费或费用不高的服务。

(7) 鼓励参与：提供咨询的目的不是替他们决策，而是提供科学的健康信息和指导，启发他们自行解决自己的问题的能力，或可以帮助他们做出适宜的选择。因此，让他们自己参与到整个咨询过程中，最后由自己做出适宜的选择很重要。

99. 青少年保健服务的质量标准是什么？

WHO提出，为青少年提供保健服务的质量可以从服务提供、服务体验和卫生系统资源几个方面来评价（图7）。

(1) 有循证依据的儿童日常护理和疾病管理的实践。

(2) 规范可操作的信息系统。

(3) 对接畅通的转诊系统。

(4) 与青少年进行有效的沟通，使他们参与有意义的保健服务。

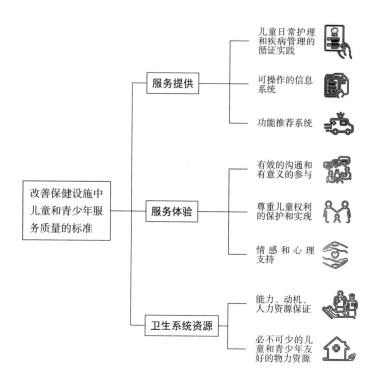

图 7　WHO 青少年提供保健服务的质量评价

(5) 有效的情感和心理支持。

(6) 必不可少的儿童和青少年友好的物力资源。

(7) 从事青少年保健服务的人力资源部门应当有胜任力、积极性和同情心。

(8) 有对青少年保健服务有益的基本设施。

100. 特殊时期（如传染病暴发期间）青少年防护应注意哪些？

特殊时期，如传染性疾病暴发时期。令我们印象最为深刻的就数新型冠状病毒肺炎了，简称"新冠肺炎"。其在世界范围内的流行，给正常生活造成了深刻的影响。任何传染性疾病的发生，对青少年而言做好积极防护是必要的。具体的防护措施可参考以下几个方面。

(1) 室内应定期开窗：每次通风不少于 30 分钟，保持桌面、地面、电脑和键盘的清洁和卫生，餐具和学习用品需要定期消毒。

(2) 外出时，戴好口罩，不要随便摸物品，也不要用手揉眼睛、嘴或鼻子，与人保持 1m 距离，尽量不去人员密集的公共场所，也不要与呼吸道感染者密切接触。回家后第一时间换衣服，清洗双手，洗鼻子，刷牙漱口。

(3) 注意正确佩戴口罩：戴口罩前、摘口罩前后及每当触碰口罩后都要清洁双手，确保口罩盖住口鼻和下颌。摘下口罩后，请将其存放在干净的塑料袋中，或将医用口罩扔进医疗废物垃圾桶。如果是织物口罩，则每天都要清洗。不要使用带阀门的口罩。但是，在做体育运动或体力活动时，如跑步、跳跃或在操场上玩耍时，不应戴口罩，以免影响呼吸。

(4) 注意手部卫生，养成勤洗手的好习惯，用肥皂和流动水洗手，尤其是大小便后和饭前以及外出回家后，仔细揉搓手面和手指缝，每次洗手时间不少于 15s。

(5) 做好健康自我监测：应在放学前和后分别测量体温，观察有无发热、干咳、咽痛、嗅（味）觉减退、肌肉酸痛等症状，如有症状要及时就医。

(6) 确保每天有 8～9 小时睡眠时间；不挑食和偏食，均衡营养，不能暴饮暴食；注意食物多样化，适当吃鱼、瘦肉、鸡蛋、牛奶和豆类，多吃水果和蔬菜以补充膳食纤维和维生素；家人进餐时，使用公筷；每日饮水量不得少于 1500ml。同时，要保证适当的体育锻炼，增强免疫力。

(7) 正确处理口鼻分泌物，打喷嚏或咳嗽时，要用肘部或纸巾盖住嘴和鼻，然后把用过的纸巾扔进垃圾桶，并用流动的水及洗手液进行正确洗手。

(8) 尽量避免乘坐拥挤的电梯。乘坐电梯时应与同乘者尽量保持距离，应规范全程戴好医用防护口罩；按电梯按键时，可以用面巾纸或消毒纸巾隔开，避免用手直接触碰，偶尔触碰也要及时洗手；在电梯内不要进食；离开电梯后，首先做手部清洁，可选用洗手液（或肥皂）加流动水洗手，或用含有酒精的手消毒剂进行手消毒。

(9) 尽量不组织聚集活动，确需组织活动时，必须至少与他人保持 1m 距离。此外，限制一起活动的青少年人数，提供手部卫生设施，这些措施也很关键。

(10) 取快递时：在家接收快递或者去小区门口取快递时，要规范戴口罩和手套，避免人员聚集，保持社交距离，尽量减少交流。处理完包裹后要及时摘下手套，并用流水洗手或使用手消毒剂消毒。

(11) 关注官方的疫情通报，不去中高风险地区。

(12) 注意疫情引起的焦虑和抑郁等情绪问题，如新冠流行期间全球焦虑和抑郁的患病率增加 25%，青少年和女性所受影响最大。因此需要关注他们的心理健康，鼓励多学习疫情防控知识，调整情绪，稳定心态。

疫情期间亲子关系需要注意以下几点。疫情常态化和后疫情时代的情况下，不管是学习、工作还是生活，都会或多或少受到影响。节假日出游减少、居家隔离、在线网课等，都让我们有了更多的时间与家人相处。利用好这段时间，有利于青春期孩子与家长建立良好的亲子关系、拉近亲子距离。如果您还没能掌握与青春期孩子相处的诀窍，机会也许会变成灾难。疫情期间的亲子相处应注意以下方面。

(1) 注意观察孩子，倾听孩子的诉求；放下手机，把精力放在孩子身上。避免说教，可以跟孩子谈论他们喜欢的东西，运动、明星、音乐、朋友等。尽情地去体验、理解和欣赏他们喜欢的东西，享受亲子时光。

(2) 主动调节生活节奏，保持相对稳定、规律的作息。与他们一起制订时间表，一起讨论在这段特殊的日子里可以做点什么，听取他们的意见，让他们对自己的生活有足够的掌控力和安全感。

(3) 居家学习期间，可能需要借助电子设备进行线上学习。首先，要接纳线上、线下学习效率有差异，关注了解他们线上学习的情况，帮助其排除困难，寻找合适的方式制订适合他们的学习计划；其次，电子设备的使用和管理过程中，要注意用温和的方式，父母要优先调节控制自己情绪，然后探讨解决问题的办法。

(4) 为孩子营造相对安静、整洁的学习环境，并给予一定的私密空间。父母需要了解网络课程的具体授课时间，帮助其顺利完成网课学习，确保在上课期间不对其"嘘寒问暖"，过分干扰。

(5) 与他们一起开展家庭活动，如一起做一顿饭、进行大扫除等。把每日锻炼，如跳绳、举哑铃、室内健身操等纳入日常生活。运动不仅有利于身体健康，还可以缓解压力、排解负面情绪、保持良好心情。强烈建议父母与孩子一起运动，这是增进亲子感情的最佳时机。不妨让他们在运动中做一回你的"小老师"！

(6) 面对突发状况，青少年难免会有紧张、害怕的情绪，这些情绪和感受属于正常情况，每个人都会有，应当进行沟通交流，与他们一起尝试调节心情，如深呼吸、绘画、运动等。相互鼓励，在语言中给予更多的肯定，传递给他们更多的支持和能量。

(7) 帮助孩子通过互联网和其他安全的方式与外界保持联络，如与他们的好朋友、同学、老师和亲戚进行沟通交流，这是快速充满正能量的有效方式。

(8) 引导孩子关注国内外重大事件，与孩子交流看法，这不仅是拓宽孩子视野的机会，也是父母和孩子相互了解的契机。请注意，如有意见不同，要在尊重孩子的基础上进行沟通和讨论，切不可情绪化处理争议。

图书在版编目（CIP）数据

　遇见青春：青少年健康100问 / 朱丽萍，李力，毛红芳主编 . — 北京：
中国科学技术出版社，2023.3
　ISBN 978-7-5046-9827-8

　Ⅰ . ①遇… Ⅱ . ①朱… ②李… ③毛… Ⅲ . ①青少年 — 健康教育 — 问题
解答 Ⅳ . ① G479-44

　中国版本图书馆 CIP 数据核字 (2022) 第 199156 号

策划编辑	靳　婷　焦健姿
责任编辑	靳　婷
文字编辑	汪　琼　史慧勤
装帧设计	佳木水轩
责任印制	徐　飞

出　　版	中国科学技术出版社
发　　行	中国科学技术出版社有限公司发行部
地　　址	北京市海淀区中关村南大街 16 号
邮　　编	100081
发行电话	010-62173865
传　　真	010-62179148
网　　址	http://www.cspbooks.com.cn

开　　本	880mm×1230mm　1/32
字　　数	142 千字
印　　张	8.75
版　　次	2023 年 3 月第 1 版
印　　次	2023 年 3 月第 1 次印刷
印　　刷	运河（唐山）印务有限公司
书　　号	ISBN 978-7-5046-9827-8/G・984
定　　价	68.00 元